Les communs numériques

Propriété, économie de partage et gouvernance polycentrique

Questions contemporaines

Collection dirigée par Jean-Paul Chagnollaud, Bruno Péquignot et Xavier Richet

Chômage, exclusion, globalisation… Jamais les « questions contemporaines » n'ont été aussi nombreuses et aussi complexes à appréhender. Le pari de la collection « Questions contemporaines » est d'offrir un espace de réflexion et de débat à tous ceux, chercheurs, militants ou praticiens, qui osent penser autrement, exprimer des idées neuves et ouvrir de nouvelles pistes à la réflexion collective.

Dernières parutions

Jacques LANGLOIS, *Pour un changement anticapitaliste de société*, 2022.
Sébastien ROFFAT, *Faire du rêve une réalité : l'histoire de Disneyland Paris,* Nouvelle édition, 2022
Frédéric DEBOMY, *Le monde de Macron, la gauche défaillante et moi perplexe*, 2022.
Jacques ARNOULD, *La guerre de l'espace aura-t-elle lieu* ?, 2022.
Chrysostome CIJIKA KAYOMBO, *Analyse systémique et axiologique appliquée à la pratique de philosophie de l'éducation*, 2022.
Olivier CAREMELLE, *Argent, transferts, droits TV : le foot à l'agonie*, 2022.
Danièle FAVARI, *Le référendum d'initiative citoyenne. Mode d'emploi. Pour une démocratie participative*, 2022.
Arnaud MAIGRE, *L'innovation vertueuse. L'économie par les valeurs,* 2022.
Alexandre BAUMANN, *Économie du militantisme, Le paradoxe du cancer militant*, 2022.
Sandy Larose et Ginette Francilus Sanon, *Femme, identité et chrétienté aux temps modernes*, 2022.
Lydia KAMENOFF et Hortense DE VILLAINE (dir.), *L'Empire : centre et périphéries*, 2022.
Vladimir CREȚULESCU, *Ethnicité aroumaine, nationalité roumaine, La construction discursive d'une identité nationale (1770 – 1878)*, 2021.
Fathi BEN MRAD, *Les médiations à l'ère des médiums digitaux*, 2021.

Yahya El Yahyaoui

Les communs numériques

Propriété, économie de partage et gouvernance polycentrique

Préface d'Éric Verdier

L'Harmattan

5-7, rue de l'École-Polytechnique, 75005 Paris

www.editions-harmattan.fr

ISBN : 978-2-343-15272-8
EAN : 9782343252728

Préface

Eric Verdier, Directeur de recherche émérite au CNRS
Laboratoire d'économie et de sociologie du travail (LEST)
Aix-Marseille Université et CNRS

Par-delà l'Etat et le marché, la rencontre du numérique et des «communs»: pouvoir, gouvernance et capitalisme

De manière incessante, les géants du Web, les GAFAM[1], qui dominent outrageusement le marché du numérique, font la Une de l'actualité. Cette primauté récurrente l'est bien évidemment pour de bonnes raisons, notamment au regard des services rendus en cette période de pandémie, qui valorise tous les moyens permettant de réaliser nombre d'actes essentiels de la vie quotidienne, en minimisant les relations directes avec autrui.

Mais cette place prise par les GAFAM dans les médias du monde entier l'est aussi, et de plus en plus souvent, du fait d'atteintes avérées à l'exercice de droits fondamentaux en de multiples circonstances, notamment électorales, au point de bousculer l'assise même des principes démocratiques.

Dans un livre retentissant, Shoshana Zuboff montre d'ailleurs comment ces GAFAM exploitent l'expérience humaine privée, pour développer des opérations invisibles d'extraction et de production de valeurs marchandes, favorisant l'installation d'une nouvelle forme de capitalisme, dit de « surveillance »[2].

Au-delà des appels à la vigilance de chacun et chacune que, malgré les risques encourus, réitèrent périodiquement différents lanceurs d'alerte, les Etats sont sommés d'agir en vue de préserver d'indispensables souverainetés numériques, tel semble être désormais le cas aux Etats-Unis et dans l'Union européenne avec l'ouverture de diverses procédures.

Ainsi, il est vrai à une échelle jamais atteinte, se rejouerait, en quelque sorte à l'infini, la classique interaction entre d'un côté, l'expression de

---

[1]Google, Apple, Facebook, Amazon et Microsoft.
[2]Shoshana Zuboff, «*L'Âge du capitalisme de surveillance*», Zulma, 2020.

logiques marchandes, en l'occurrence d'une puissance incomparable et de l'autre, l'intervention publique qui, sur le papier tout du moins, tend à osciller entre la régulation du marché, notamment au travers de législations de type anti-trust, et la prise de contrôle directe des entreprises par la puissance publique, à ce stade, rarement envisagée il est vrai.

En tout état de cause, il semblerait donc bien difficile d'échapper à une classique dualité, en forme de confrontation plus ou moins directe, entre Etat et Marché.

Notamment à cet égard, mais aussi à bien d'autres, comme on le verra, le livre de Yahya El Yahyaoui est particulièrement bienvenu. En effet, il montre avec éclat, que d'autres chemins collectifs et sociétaux que celui d'une marchandisation à outrance des mondes du numérique sont possibles, mais toutefois incertains, et qu'à tout le moins, l'intense développement d'Internet ne saurait se résumer à scander l'emprise croissante des logiques marchandes les plus débridées, aussi inventives soient-elles, quitte à ce que leurs excès les plus patents soient finalement corrigés à force d'interventions publiques plus ou moins judicieuses !

Ainsi, l'ouvrage de Yahya El Yahyaoui a le très grand mérite d'associer finement, deux clés d'entrée cruciales pour qui veut tenter de comprendre les puissantes dynamiques de transformation des sociétés contemporaines : les (biens)[3] communs et le numérique. Plus précisément, en analysant les « communs numériques », il rappelle avec force que, très précocement, certains des promoteurs d'Internet avaient su développer des formes d'organisation institutionnelle échappant, tout à la fois, à la loi du marché et à l'imposition d'une règlementation publique plus ou moins concertée.

Ainsi que le suggère son sous-titre « *Propriété, économie de partage et gouvernance polycentrique* », l'ouvrage adopte une structure ternaire, qui se révèle être très pédagogique pour le lecteur, d'autant que Yahya El Yahyaoui évite tout jargon fatalement décourageant pour le non-spécialiste.

Bousculant les classiques dichotomies opposant biens publics et biens privés, le premier chapitre, « *Les communs : une construction sociale, un arrangement institutionnel* », s'appuie sur une lecture approfondie

---

[3]On verra que les parenthèses font sens.

des travaux d'Elinor Ostrom[4], pour démontrer que les communs sont loin d'être des données, autrement dit de simples biens, dont la caractérisation résulterait de l'application mécanique de quelques critères intemporels, la (non) exclusivité et la (non) rivalité de leur consommation par exemple.

En effet, l'élaboration et la disponibilité de ces ressources qualifiées de « communs », sont issues de processus sociaux, portées par des configurations d'acteurs spécifiques, dont les pratiques doivent répondre à des principes précis et rigoureux, faute de quoi leur institutionnalisation s'avèrerait éminemment problématique, en tout cas fragile et réversible.

Est ici en jeu une profonde rénovation de la théorie des droits de propriété, qui s'appuie sur une conception de la propriété comme faisceau de droits, à rebours des impasses et confusions conceptuelles, notamment entre le caractère d'un bien et le régime de sa propriété, que recélaient jusqu'alors les approches classiques (*main stream*) de la propriété commune.

Le deuxième chapitre « *Biens communs numériques et logique de partage* », interroge les dynamiques technologiques, cognitives et politiques qui portent le développement de tels biens. La force de ce chapitre repose sur un efficace trépied qui consiste à :

°- Retracer la genèse des communs numériques, en faisant ressortir leur spécificité majeure, qui est de s'inscrire dans le champ de la connaissance, ce qui en démultiplie les possibilités d'usage et de ce fait, en positionne le développement à des échelles sans commune mesure avec celles qui prévalaient dans le cas classique de propriétés foncières communes, ancrées dans des territoires spécifiques,

°- Comparer les usages et le devenir des biens communs numériques, au travers de trois cas majeurs (l'encyclopédie en ligne Wikipédia, les logiciels libres et les licences *Creative Commons*), chacun étant caractérisé par une ligne d'innovation portée par des inventeurs et des communautés de pratiques, qui se dotent de règles de nature à préserver durablement le caractère commun du bien ou de la catégorie de biens ici en jeu,

---

[4]Lauréate en 2009 du prix de la Banque de Suède en sciences économiques en mémoire d'Alfred Nobel.

°- Rendre en compte des logiques à l'œuvre qui font qu'aucune propriété commune ne saurait être considérée comme intangible et donc acquise à sa communauté d'usagers.

En témoignent les tentatives répétées de géants du numérique, pour se réapproprier les communs numériques qui échappent encore à l'emprise de leurs plateformes. En la matière, voir émerger de nouvelles enclosures, qui privatiseraient des connaissances dont le libre accès est au principe des communs numériques, est loin d'être exclu.

De l'issue de ces processus qui, à de multiples échelles, depuis celle du simple utilisateur jusqu'à l'intervention d'acteurs publics multilatéraux, mettent aux prises le Marché, l'Etat et le Commun, dépend la configuration future du capitalisme et, plus fondamentalement encore, celle de sociétés soucieuses peu ou prou, de sauvegarder leurs assises démocratiques.

Aussi, à bien des égards, par-delà le contrôle et le développement de tel ou tel bien commun, aussi large et vertigineux soit son assise (telle celle de Wikipédia par exemple), les enjeux de pouvoir s'avèrent être réellement considérables.

Fort logiquement, le troisième et dernier chapitre de l'ouvrage traite « *De la gouvernance des communs numériques* ». En effet, il revient à cette dernière d'encadrer la mise en œuvre d'un triptyque de règles (constitutives, décisionnelles et opérationnelles) dont tout indique que la pertinence et l'effectivité seront cruciales pour l'avenir des communs numériques.

En l'espèce, cette gouvernance, ou plutôt ces gouvernances, cumule(nt) des caractéristiques qui tendent à la (les) rendre hors normes. Elle(s) est (sont) à la fois multi-scalaire(s), polycentrique(s), diversifiée(s) tout en devant nécessairement s'institutionnaliser au plus près des attentes et des usages des multiples parties prenantes, qu'il s'agit ainsi, de manière récurrente, d'inclure dans la dynamique qui porte le commun.

A cet égard, soulignons que cette configuration éminemment ouverte, met en tension des principes de l'approche « ostromienne », qui fait de la séparation entre le « dedans » et le « dehors » de la « communauté » attachée à un commun, une règle majeure, si ce n'est principielle.

A ce propos, des travaux récents portant sur deux des exemples traités dans cet ouvrage, tout à la fois, confortent l'analyse des communs numériques et appellent à renouveler ou, du moins, à approfondir le corpus théorique d'Elinor Ostrom.

Ainsi, cherchant à caractériser le collectif des développeurs de logiciels libres, Demazière et al. (2005) ont-ils avancé la notion, a priori paradoxale, de « communauté distante » afin de « *rendre compte de la tension entre d'une part, la force du sentiment d'appartenance à un monde spécifique repérable dans le discours des acteurs et d'autre part, les distances qui séparent les contributeurs d'un point de vue relationnel, statutaire, biographique. (...) Cette notion met sur la piste des modes de coordination associant deux formes d'action collective habituellement opposées et antagoniques : une forme communautaire fondée sur le sentiment subjectif d'appartenir à une même communauté, et une forme sociétaire fondée sur la coordination d'intérêts et le partage d'objectifs motivés* »[5].

Plus récemment, s'inscrivant dans une perspective similaire, Léo Joubert s'est efforcé de caractériser la configuration wikipédienne sous la forme d'un « commun numérique de masse », en y distinguant la « société des usagers » et la « communauté des contributeurs », afin de prendre en compte la diversité des rapports entretenus avec le commun[6]. Est ici clairement en jeu la capacité à prendre en compte les relations de pouvoir à l'œuvre dans ces communs numériques, alors même que leur analyse n'apparaît qu'en filigrane chez Ostrom, derrière les questions plus techniques visant à définir les bonnes règles de gouvernance.

On l'aura compris, le livre de Yahya El Yahyaoui aborde des registres de connaissance diversifiés et tous du plus haut intérêt : les fondements des « communs », si décisifs pour la cohésion sociétale, l'analyse de leur rencontre avec le numérique, source majeure de l'innovation contemporaine et alternative vivante à l'emprise des plus puissantes firmes multinationales, une interrogation renouvelée sur la

---

[5]Demazière Didier, Horn François et Jullien Nicolas, «Le travail des développeurs de logiciels libres. La mobilisation dans des "communautés distantes"», *Cahiers lillois d'économie et de sociologie*, Vol. 2, n° 46, 2005, p. 171.

[6]Joubert Léo, «*Wikipédia: la fabrique d'une encyclopédie à l'ère du logiciel libre. Sociologie d'un commun numérique de masse*», Thèse pour le doctorat en sociologie, Aix-Marseille Université, 2020.

capacité de la science économique à se saisir de ces enjeux, en termes de gouvernance, de droits de propriété et d'efficience économique et sociale.

Eric Verdier
21 décembre 2021

Introduction Générale

1.De plus en plus connus, depuis l'attribution à Elinor Ostrom en octobre 2009, du prix d'économie en l'honneur d'Alfred Nobel, les concepts de « communs », de« biens communs » ou de « communs numériques », font aujourd'hui florès en économie, en sciences de gestion, en droit, en sciences politiques, en sociologie comme en anthropologie.

Ils le font aussi, quoi que de manière implicite et indirecte, dans les discours politiques, tout comme dans les programmes des associations ou des mouvements civiques.

C'est que « tout le monde » se trouve de nos jours, enserré par un ordre de hiérarchies anormalement centralisées, mais aussi de marchés d'autant plus prédateurs que les firmes globalisées, en collusion quasi manifeste avec les Etats, se présentent comme étant le niveau et l'archétype de la valorisation de ces biens, et de la gouvernance, par voie de conséquence, des diverses autres formes de richesse mondiale.

Ce vif regain d'intérêt pour les communs, n'est ainsi pas sans lien avec cette omniprésence agressive de la culture du marché et des acteurs, tant privés que publics, qui en diffusent les règles tout autant que la pensée totalisante.

La théorie des biens communs ne s'oppose nullement, comme cela pourrait paraître à première vue, aux sphères du marché et de l'Etat. Elle cherche, bien au contraire, à endiguer leurs excès, à compléter leurs insuffisances, à contrecarrer leur tendance hégémonique, sans pour autant ne s'y substituer que partiellement, et par certains de leurs attributs seulement. C'est sinon l'un de ses fondements, du moins l'une de ses grandes caractéristiques.

La seconde caractéristique qui fait la force de la pensée des biens communs, est le caractère global de son approche. Car une telle pensée ne s'intéresse pas uniquement à la ressource en tant que telle, encore moins aux différentes procédures de son partage et de l'usage qu'on en fait, mais aussi aux modes de gouvernance qui en garantissent la pérennité, tout autant que le développement dans le temps et dans l'espace.

C'est la raison pour laquelle, les communs ne sont pas seulement et exclusivement une ressource. Ils sont aussi et davantage, une communauté, des valeurs et des protocoles sociaux conçus pour gérer ladite ressource et en assurer l'éclosion.

C'est en ce sens que l'on considère les biens communs comme une réelle construction sociale, car la ressource concernée relève d'une communauté bien définie, en charge d'en garantir l'accès, préserver la soutenabilité et établir l'équité dans l'usage.

Les communs sont donc des ressources gérées par une communauté déterminée. Cette dernière en définit les droits d'usage et en organise le mode de gouvernance. Elle les défend contre les dérives et les met à l'abri des risques d'enclosures.

Il pourrait s'agir d'une communauté dont l'ancrage est local et en charge d'une ressource matérielle, ancrée localement elle aussi. Comme il pourrait s'agir d'une ressource immatérielle globale, qui appelle la prise en charge par une communauté globale, organisée naturellement, à une échelle sinon transnationale, du moins a-territoriale.

Mais les biens communs sont aussi une forme de gouvernance, par laquelle la communauté s'organise pour élaborer des règles, les faire respecter et veiller à en sanctionner éventuellement les dérapages ou les abus pouvant les affecter.

Lorsque Elinor Ostrom a évoqué la question de la gouvernance, elle a identifié un jeu de huit principes, qui garantissent au commun pérennité et développement : des frontières clairement définies, des règles d'usage qui correspondent aux spécificités locales, l'aptitude des membres de la communauté à modifier ces règles, le respect par les autorités extérieures de ce droit de la communauté à élaborer ses propres règles, un système de contrôle des comportements des membres de la communauté, des sanctions à l'encontre des membres contrevenants, des dispositifs de règlement des contentieux faciles d'accès et sans grand coût, et une organisation en strates pour ce qui est des ressources relevant de systèmes plus complexes.

Il est ainsi fort malaisé de comprendre ce qu'est un commun sans prendre en considération les trois grandes dimensions qui le forment et le régissent, à savoir : la ressource mise en commun, le régime

« communautaire » qui la sous-tend et le mode de gouvernance qui la régit.

Non moins malaisé est le fait de prétendre comprendre lesdites dimensions sans prendre en compte leur articulation et leur dynamique dans l'espace et dans le temps.

Cette précision est de taille, car si le terme de « bien commun » met l'accent sur le bien et sur la ressource, le terme de « common », en vogue dans la littérature anglo-saxonne notamment, traduit justement cette prise en compte des trois dimensions susmentionnées, tout autant que leur articulation dans une dynamique d'ensemble, beaucoup plus large.

2. Mais les communs ne concernent pas uniquement les ressources matérielles, telles qu'étudiées et popularisées par les travaux d'Ostrom. Ils concernent aussi les biens numériques et de la connaissance.

En effet, avec le numérique, l'on dispose de plus en plus d'outils extraordinaires de création, de diffusion et de partage des données, des savoirs et de la connaissance, d'une puissance inégalée et d'une étendue sans commune mesure avec les évolutions passées.

La question du numérique en tant que « bien commun », n'a par conséquent, émergé que dans la convergence de deux grands courants dont les implications sont énormes :

+ D'un côté, de l'étude des communs traditionnels (naturels), portée pour l'essentiel, par les travaux d'Elinor Ostrom et de l'école de Bloomington,

+ D'un autre côté, des acteurs de l'Internet qui se sont interrogés, depuis le milieu des années 1990, sur les différentes formes de restriction portées sur la libre circulation de l'information, sur les logiciels libres et sur la problématique de la propriété intellectuelle.

Dans le même temps, si les communs, tant matériels que de connaissance, ont une fonction centrale, du fait qu'ils sont essentiels sinon pour la survie de la société, du moins pour sa cohésion, ils ont aussi en commun cette architecture originale, faite d'un ensemble de systèmes complexes, au sein desquels agissent et interagissent plusieurs composantes de nature hétérogène.

Les biens communs, matériels comme dématérialisés, partagent donc la même philosophie, celle d'une ressource produite et/ou entretenue collectivement par une communauté d'acteurs, et gouvernée par des règles et des protocoles qui lui en assurent le caractère collectif et l'usage en mode partagé.

Les communs numériques, tout autant d'ailleurs que les communs naturels, gagnent de ce fait, à être partagés, lequel partage augmentera certes la valeur d'usage de la ressource en question, mais permettra aussi d'élargir la communauté en charge de sa préservation, de sa pérennisation et de son développement.

Le modèle des communs trouve ainsi sa pleine justification dans les communs numériques. Il y trouve aussi sa pleine consécration, la mutualisation qui le sous-tend, étant le bénéfice certain induit par la mise en commun de ces ressources.

La valeur de tels biens provient de l'usage qui en est fait, mais provient aussi, sinon davantage, de la logique de coopération et de partage qu'elle enclenche pour les membres de la communauté.

Les logiciels libres sont ici des exemples particulièrement illustratifs de la nature de ces communs, tout autant d'ailleurs que les expériences du wiki ou des *Creative Commons*.

Parallèlement à cela, le renouvellement du débat sur la neutralité d'Internet est fort significatif. Il atteste de la tendance de plus en plus perceptible, à faire de ce dernier le« bien commun » qu'il était, face aux nouvelles formes d'enclosure dont il ne cesse de faire l'objet, et des dynamiques d'appropriation de cette ressource originellement « propriété commune », ou perçue comme telle.

3. Les biens communs, ou *commons*, couvrent une multitude de biens et de ressources, qui sont caractérisés par une diversité de modes de production et de gestion. Ils pourraient relever d'une communauté, des pouvoirs publics, du marché, comme ils pourraient être l'apanage de régimes hybrides.

Dans tous les cas de figure, ces biens constituent une forme institutionnelle par laquelle une communauté s'organise. Elle définit elle-même le bien concerné et la structure qui en permet la pérennité et le développement, tout autant que les règles d'accès et d'usage, et les sanctions devant être activées en cas de transgression des règles communément établies et collectivement admises.

C'est en quelque sorte, un système social pour la co-production et la co-gouvernance d'une ressource.

Et c'est dans ce sens que la pensée des biens communs est venue pour faire face à des excès de marché, dont les externalités sont d'autant plus pernicieuses qu'elles cherchent à déguiser les coûts collectifs, les déplacer vers d'autres secteurs ou les dissimuler dans des jeux comptables dont on ne pourrait facilement déceler les rouages.

Dans le même temps, cette pensée affirme que certaines ressources sont et devraient rester inaliénables, auquel cas leur valorisation ne devrait pas être déterminée par le prix, métrique unique qui ne connaît que le marché et ne prend pas en compte les autres valeurs essentielles, dont fondamentalement la justice et l'éthique.

C'est que le marché a une propension naturelle à extirper les profits en injectant les ressources, quelles qu'en soient la nature et la forme, dans sa machine mercantile et sa dynamique marchande.

Une telle aversion est d'autant plus poussée à son extrême que le marché, et le capitalisme de manière générale, se concentrent sur les individus et par conséquent sur les seuls droits de propriété individuelle. Ils ne s'inscrivent par-là, que dans la seule perspective de la propriété privée, unique forme de production et d'organisation à laquelle ils s'adossent.

Or, les biens communs sont le fruit d'un arrangement institutionnel dans leur production, tout comme dans leur gestion et gouvernance. Ils ne peuvent de ce fait, ne pas entretenir de rapports avec les structures qui leur préexistaient, en l'occurrence le marché, mais aussi l'Etat et les formes de propriété publique qu'il défend. L'articulation de ces trois grands niveaux est à observer de près, car elle constitue un levier d'entrée d'une grande portée pour la pensée des communs.

S'il est vrai que la logique prévalant jusqu'ici entre ces niveaux, est une logique de cohabitation, il n'est pas moins vrai qu'elle est aussi et de plus en plus, entachée d'abus et de dérapages de part et d'autre.

L'on ne cesse d'ailleurs de revendiquer la protection de ces communs, contre les tentatives de leur éradication par un marché de plus en plus porté par les logiques d'appropriation et de marchandisation des ressources communes, tant matérielles que dématérialisées.

En même temps, l'Etat devant assurer ce rôle de protecteur, en faisant au minimum, prévaloir les régulations nécessaires, ou de « coopérateur », en contribuant financièrement à la pérennité et au développement de ces biens, semblerait sinon complice des acteurs du marché, du moins impuissant pour en endiguer l'élan.

La pensée des biens communs ne s'attaque pas aux racines de la propriété ou de la conception de la valeur, propres au marché et à la nature du capitalisme lui-même. Elle œuvre seulement pour la mise en place d'un modèle de production, de financement et de consommation d'une catégorie de biens, qui soit portée par les valeurs de partage et les considérations de l'intérêt collectif.

C'est probablement dans ce sens que les tenants des communs admettent peu l'association de ces derniers aux notions de « biens » ou de « ressources », et ce dans la grande perspective de les libérer de toute connotation économique ou utilitariste, et souligner la dimension politique et civique dont ils se réclament.

Initialement limitée aux ressources naturelles, l'appropriation de la dimension immatérielle des communs, a interpellé et ne cesse d'interpeller la notion de propriété. Car cette dernière a été et pour longtemps, perçue comme un faisceau de droits inaliénables, propres à un système capitaliste global et totalisant.

Or, ce que l'on observe généralement, s'agissant des communs, c'est l'existence de dispositifs socio-techniques, spécifiques et « originaux », dont il faudrait apprécier la portée et penser le positionnement dans ledit système.

Toute la question est désormais, de savoir comment les communs peuvent se développer dans le cadre ou au sein de ce système, et comment ils peuvent articuler les comportements tant individuels que collectifs, tout en prenant en compte les rapports de pouvoir qui s'opèrent au cœur même des communautés concernées.

A défaut d'une telle perspective, l'on postule un droit du commun qui prônerait un dispositif juridique « spécial », et qui prendrait corps à côté de ceux spécifiques au droit de la propriété privée exclusive, et de la propriété publique en partie mise à l'épreuve.

Un tel droit serait, dit-on, un droit d'usage de l'inappropriable, institué par l'agir en commun et la co-production de normes juridiques non marchandes et non étatiques.

Cela aurait pour conséquence de réaffirmer que la relation entre les biens, en tant qu'objets, et les communs en tant que qualificatif, dépendrait exclusivement de l'indisponibilité de la propriété, la pratique du partage étant suffisante pour l'institution.

Il s'agirait donc d'une inscription en droit, des communs sous le régime exclusif de l'inappropriable, option qui éviterait à ceux-ci, l'éventualité de leur soumission à la rationalité pure du calcul économique, et réduirait les tentatives d'une mise en commun généralisée des individus les uns aux autres, et de tous contre tous.

4. Cet essai abordera donc les trois grands moments qui traversent la réflexion sur les biens communs :

°- Le premier moment portera sur ce regain d'intérêt pour les communs matériels, objet central de l'œuvre d'Elinor Ostrom qui s'est attelée, des décennies durant, à revitaliser une réflexion longtemps sinon délaissée, du moins considérablement malmenée.

L'accent sera mis ici sur la portée d'un tel regain d'intérêt, tout autant que sur les formes de production, de gestion et d'organisation que l'auteure a envisagées pour régir lesdits communs.

°- Le second moment s'arrêtera sur les biens numériques, ce versant dématérialisé des biens communs qui ne cesse, tout autant d'ailleurs que le versant matériel, de faire l'objet de dynamiques de marchandisation et d'appropriation systématiques de la part d'opérateurs privés, viscéralement hostiles à toute forme de production et d'organisation autre que marchande. Les cas des logiciels libres et des encyclopédies seront présentés comme exemples illustratifs de la montée en force de ce « conflit de légitimité » entre acteurs d'horizons divers.

°- Le troisième moment interpellera le mode de gouvernance de ces biens communs. L'articulation avec les sphères du marché et de l'Etat sera discutée, tout autant que les formes de propriété alternatives, à même de garantir à ceux-ci, pérennité et développement.

Chapitre Premier

Les communs : une construction sociale, un arrangement institutionnel

La notion de biens communs est complexe.

Une première explication attribue une telle complexité au simple fait que la définition d'origine est peu opératoire, et son champ d'analyse peu opérant.

Une seconde explication, dérivée de la première, fait le constat qu'en passant de la pure sphère économique, longtemps retenue et privilégiée, à celle centrée sur l'action collective, le sens initialement perçu, finit inévitablement par se déplacer.

La troisième explication renvoie au glissement d'usage qui a accompagné le redéploiement de la notion de biens communs elle-même, notamment lorsque sa perception a adopté une posture prescriptive, en lieu et place de la dimension descriptive longtemps mise au-devant des débats.

Ce glissement sémantique, et d'ordre fonctionnel aussi, s'est concrètement traduit par la disparition systématique du terme « biens » de l'expression « biens communs ».

L'on a de plus en plus tendance à faire usage de l'expression « renaissance des communs », pour exprimer ce glissement entendu hors de toute connotation économique.

Mais au-delà de l'énorme flou conceptuel qui subsiste encore quant à la définition des biens communs, force est de relever le peu d'analyses qui portent sur l'émergence de ces biens et sur les éléments devant contribuer à leur construction. Les travaux tant théoriques qu'empiriques, n'offrent en effet, qu'un cadre d'analyse par des arrangements institutionnels fort divers, permettant assez souvent la seule caractérisation des biens institués, les conditions favorables pour leur pérennité et les processus d'évolution des règles les encadrant ou régissant leur mode de fonctionnement et de régulation.

C'est que les biens communs sont une construction sociale. Et en tant que telle, elle s'inscrit naturellement dans ce vaste mouvement de transition vers un autre modèle d'organisation, c'est-à-dire vers une nouvelle forme de production, d'usage et de gestion collective d'une ressource apanage exclusif d'une communauté déterminée.

Au-delà du fait que les biens communs sont généralement identifiés par les trois principaux éléments qui les constituent (une ressource, une communauté et une pratique de mise en commun), il faudrait souligner d'emblée, qu'ils sont inscrits dans une longue tradition forgée autour d'une série d'axes de réflexion :

+ Ils trouvent d'abord, leur ancrage théorique dans les travaux sur les biens publics, puis sur les biens publics mondiaux, selon lesquels si les règles du marché sont suffisantes pour la production des biens privés, il n'en est pas toujours de même pour les biens publics, qui reposent pour l'essentiel quant à eux, sur les efforts des communautés et les apports des Etats.

Ces différentes notions sont nées, pour la plupart d'entre elles, dans la filiation directe des théories de Samuelson. Elles s'attèlent à caractériser le régime de droits de propriété le mieux adapté pour assurer la production et la gestion des biens de la manière la plus efficiente possible.

+ Ils s'inscrivent ensuite, à contre-courant de la pensée centrée sur la thèse de la « tragédie des communs ». Cette dernière postule, par une remise en cause radicale de la catégorie des biens collectifs, que lorsqu'une ressource est en libre accès, chaque utilisateur est conduit spontanément à y puiser sans limite, poussant ainsi à sa dégradation, puis à sa disparition.

+ Ils puisent leur racine enfin, dans la théorie néo-institutionnaliste d'Elinor Ostrom qui, récusant à la fois le tout marché et le tout Etat, cesse de se fixer sur la nature des biens qui déterminerait leur caractère de communs, pour se pencher sur le cadre institutionnel et réglementaire qui préside à leur érection en tant que communs.

1.1. Biens publics, biens publics mondiaux et biens communs

La caractérisation contemporaine des biens communs dérive de la théorie économique des biens publics développée par Paul Samuelson. En effet, en 1954 déjà, Samuelson s'attelait à « identifier quelles sont les caractéristiques des biens pour lesquels le marché est pris en défaut et se révèle incapable de les produire »[7].

Cette théorie a des implications politiques fortes, car « elle détermine dans quels cas, l'intervention publique (la prise en charge par l'Etat de la production de ces biens) est nécessaire »[8].

A l'échelle nationale, les pouvoirs publics ont la légitimité pour décider quels biens publics méritent d'être produits, et le pouvoir pour établir les normes à même d'en garantir la pérennité. Mais lorsque l'échelle s'élargit, le champ de ces prérogatives se rétrécit et les incompatibilités font surface.

Les biens publics mondiaux sont définis de la même manière. Ils portent les mêmes caractéristiques que les biens publics « nationaux », mais à la seule grande différence que leur portée concerne des populations de pays différents. Or, l'absence d'un gouvernement mondial légitime, rend impossibles l'édiction et la mise en œuvre de règles que l'économie publique préconise et centralise à l'échelle d'un pays.

En prolongement de ces travaux, la théorie des biens communs affirme que ce n'est plus à partir de la définition économique normative qu'allait se construire un bien commun, mais plutôt à partir d'une décision collective, seule habilité à en établir les modes d'accès, tout autant que d'usage.

1.1.1. L'approche fondatrice de Samuelson ou des antécédents des biens communs

La notion de biens publics a été théorisée dans les années 1950, par l'économiste Paul Samuelson. Il conçoit ceux-ci comme étant des

---

[7] Cf. Samuelson. P, «The pure theory of public expenditure», *The Review of Economics and Statistics*, Vol. 36, n° 4, November 1954, pp. 387-386.

[8] Rivelois. J, «Les biens communs en questions», *Institute of Research for Development*, Working Paper, January 2017, p. 2.

biens naturels ou produits, qui satisfont aux deux grandes caractéristiques suivantes :

°- La non-exclusion, dans la mesure où il est quasi-impossible d'empêcher une personne de la consommation de ces biens,

°- Et la non-rivalité, dans le sens où la consommation par l'un n'empêche pas la consommation par l'autre.

Il appartient donc à la collectivité de créer ces biens au bénéfice de tous. Autrement dit, tous les usagers vont bénéficier de biens et de services qu'eux seuls ne pourraient assurer ou prendre en charge.

C'est dans ce sens que le bien public est dit aussi bien collectif, du fait qu'il s'agit d'un bien « qui n'est pas divisible et dont le coût de production ne peut être imputé à un individu en particulier, ce qui rend difficile, voire impossible, la fixation des prix. La consommation de ce bien par un individu ou par plusieurs est identique : un consommateur supplémentaire n'implique donc pas un coût supplémentaire pour l'opérateur »[9].

Les critères retenus par Samuelson permettent ainsi de classer les biens publics selon qu'ils sont naturels ou artificiels :

	Excluabilité	**Non-excluabilité**
Rivalité	Biens privés (meuble, maison, voiture, etc.)	Biens communs ou ressources à gestion partagée (eau, forêt, ressources marines, bibliothèque publique, etc.)
Non-rivalité	Biens de club ou biens à péage (autoroute à péage, chaîne cryptée, etc.)	Biens publics (air, phare, éclairage public, système de régulation de la circulation, etc.)

Figure 1 : Biens naturels et biens artificiels[10]

[9]Vievard. L, «Biens publics mondiaux, biens communs: deux notions émergentes concurrentes?», *Millénaire 3*, Grand Lyon, octobre 2009, p. 3.
[10]Ibid.

Il en ressort que les biens privés ne satisfont à aucun des deux critères retenus, les biens publics impurs satisfont à un seul critère, alors que les biens publics purs satisfont aux deux critères simultanément.

A ces deux critères de non-exclusion et de non-rivalité, s'ajoutent, pour définir les biens collectifs « purs », deux autres critères complémentaires : le premier est relatif à l'obligation d'usage, le second à l'absence d'effet d'encombrement[11].

Ainsi, « comme le marché ne peut susciter la production rentable de tels biens, dont le coût marginal est nul grâce aux économies d'échelle, ils doivent, s'ils sont nécessaires, être fournis par la puissance publique »[12].

Il faudrait préciser ici que l'Etat n'intervient, pour fournir des biens publics (ou collectifs), que lorsque les marchés sont défaillants ou dont la fourniture s'avère coûteuse.

C'est d'ailleurs dans le sillage d'une telle perspective que l'Etat s'arroge en monopole (naturel, diraient d'aucuns) pour produire des biens et services que le marché, ou les opérateurs privés, sont dans l'incapacité d'assurer ou de fournir avec les niveaux de qualité et de continuité requis.

Mais la mission des biens publics ne se limite pas au niveau de la fourniture de ces biens. Elle pourrait servir pour, sinon garantir de nouveaux droits, du moins en consacrer la légitimité : libre accès aux connaissances, droit aux ressources naturelles (dont il faudrait protéger l'usage de manière équitable), droit à un environnement sain, etc.

La nécessité de préserver certains biens matériels (eau, air, matières premières, sols, etc.) et immatériels (santé, connaissance, culture, etc.) est d'autant plus soulignée à ce niveau, qu'elle a été reprise par de nombreux rapports émanant du Programme des Nations Unies pour le développement (PNUD), des Conférences des Nations Unies sur le développement et l'environnement, tout autant que de la part de plusieurs autres organisations spécialisées.

---

[11]Cas d'une route, tant qu'elle n'est pas saturée de véhicules.
[12]Harribey. J-Y, «Le bien commun est une construction sociale. Apports et limites d'Elinor Ostrom», *L'Economie politique, Alternatives économiques*, n° 49, janvier 2011, p. 100.

Il paraît donc évident, sur le plan théorique du moins, que seul l'Etat est en mesure d'assurer la fourniture des biens publics, qu'il s'agisse de ceux retenus par Samuelson ou de ceux développés plus tard, par les tenants de la thèse du développement humain :

°- L'Etat assure leur fourniture, lorsque l'intérêt individuel ne coïncide pas avec l'intérêt collectif. Car en l'absence d'incitations sélectives (gratifications ou sanctions), des stratégies de passager clandestin[13] « peuvent apparaître comme rationnellement plus profitables aux individus, qui sont alors incités à bénéficier des fruits d'une action collective sans en payer le coût »[14].

°- L'Etat doit aussi assurer leur régulation. En effet, « parce qu'il dispose de l'avantage du monopole de la violence légitime (Weber), il peut utiliser l'impôt pour financer la fourniture des biens publics et imposer, par la loi, le paiement par tous de ce qui profite à tout le monde. Il évite ainsi les comportements du passager clandestin »[15].

Dans le même temps, Samuelson note clairement que certains biens publics ne présentent pas les caractéristiques de non-rivalité et de non-exclusivité, ou les présentent de manière imparfaite. Il s'agit des biens qu'il qualifie d'impurs et qu'il range en deux catégories distinctes :

°- Les biens communs (ou *common goods*) qui sont « des biens rivaux (qui s'épuisent et dont la consommation doit être régulée), mais non-exclusifs (qui peuvent être consommés par tous). Il s'agit par exemple, des stocks de poissons, des forêts ou du service naturel de santé ou de l'éducation, qui sont des biens appropriables par des personnes en

---

[13]Le passager clandestin dans un groupe, «désigne une personne ou un organisme qui obtient et profite d'un avantage (situation favorable, bien ou service) sans y avoir investi autant d'efforts (argent ou temps) que les autres membres du groupe, ou sans s'acquitter d'une juste quote-part ou du droit d'usage prévu. Les stratégies du passager clandestin sont dommageables tant du point de vue économique que social, car elles portent atteinte au principe d'égalité (du fait qu'il en résulte des inégalités de traitement), elles entravent l'équilibre de la concurrence (à cause des perturbations et distorsions qu'elles provoquent) et elles minent la solidarité (en ce que ceux qui les pratiquent s'exonèrent de financer ou de payer l'usage d'un bien ou d'un service commun»). Cf. pour plus de détails: Olson. M, «*Logique de l'action collective*», Presses Universitaires de France, Paris, 1978, 200 p.

[14]Ibid.

[15]Cf. pour de plus amples développements: Laffont. J-J, Green. J, «Révélation des préférences pour les biens publics», *Séminaire d'économétrie du CNRS*, Paris, 16 janvier 1976, 72 p.

propre et s'épuisent quand ils sont consommés (rivalité), mais dont on ne peut restreindre aisément l'accès (non-exclusivité, sauf par exemple, par l'imposition de quotas) »[16].

°- Et les biens que Samuelson appelle les « biens club » (club goods), c'est-à-dire « des biens non rivaux, mais exclusifs comme par exemple, la télévision par satellites, les cinémas ou les infrastructures (...). Ce type de biens est non rival (il ne s'épuise pas, bien qu'il soit appropriable par des privatisations ou des concessions de service public), mais il peut faire l'objet d'exclusion (on peut en interdire l'accès, par exemple, par des décodeurs pour la télévision, ou par le péage pour les sociétés d'autoroutes, auxquelles l'Etat confère un monopole de mission, et qui réalisent leurs profits en prélevant un droit d'usage »)[17].

		Exclusivité	
		Haute (bien exclusif)	**Basse (bien non-exclusif)**
Rivalité	**Haute (bien rival)**	**Bien privé** Ordinateur personnel Sandwich	**Biens communs** Bibliothèque Système d'irrigation
	Basse (bien non-rival)	**Club, accès à péage** Abonnement à un journal Club de golf	**Bien public** Connaissance utile Coucher de soleil.

Figure 2 : Les biens communs, entre biens marchands et biens publics[18]

Dans les deux cas de figure, l'idée sous-jacente aux différentes acceptions des biens publics, est celle qui consiste à considérer la prise en charge par la puissance publique de la production et de la fourniture de ces biens, comme l'unique réponse et la seule alternative à la défaillance du marché.

[16]Ibid.
[17]Rivelois. J, «Les biens communs en questions… », op. cit, p. 3.
[18]Couture. S, Goldenberg. A, «Histoire et théorie des biens communs numériques», *Ritimo*, 3 novembre 2014.

Or, une telle perception passe sous silence deux autres éléments de débat, qui renvoient, quoi que de manière implicite, à la problématique des communs :

+ Le premier élément de débat concerne ce qu'il est convenu d'appeler les « biens tutélaires », c'est-à-dire cette catégorie de biens dont «la puissance publique a considéré qu'ils devraient être consommés de façon obligatoire (obligation scolaire, vaccinations obligatoires), ou qu'ils devraient être accessibles sans qu'intervienne une exclusion par les prix. Leur caractère public ne résulte donc pas d'une contrainte technique, mais d'un choix politique qui est toujours susceptible d'évoluer»[19].

La distinction biens tutélaires/biens non tutélaires ne recouvre ainsi pas la distinction biens publics/biens privés, parce que la puissance publique « peut ne pas prendre en charge la production des biens tutélaires, mais jouer uniquement sur leurs prix par le biais de l'outil fiscal »[20].

Autrement dit, « alors que la production des biens collectifs répond à une contrainte technique, et peut être analysée dans le cadre d'une approche individualiste, la production des biens tutélaires relève d'un choix politique et d'une approche organique de l'Etat »[21].

+ Le second élément de débat se rapporterait à la question de l'exclusion par les prix. Car si l'approche traditionnelle des biens publics relevait l'impossibilité de pratiquer l'exclusion par les prix pour des raisons de contraintes techniques, la réalité des faits montre que cela pourrait aussi l'être pour des raisons de nature politique.

---

[19] Beitone. A, «Biens publics, biens collectifs. Pour tenter d'en finir avec une confusion de vocabulaire», *Journal du Mauss*, 22 avril 2014, p.5.
[20] Ibid.
[21] Cf. Musgrave. R. A, «*The theory of public finance*», Mc Graw-Hill, New York and London, 1959.

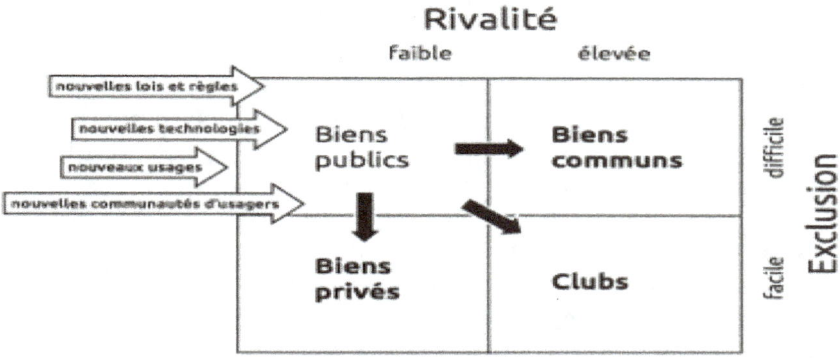

Figure B. Les agressions envers les biens publics

Figure 3 : Les agressions envers les biens publics[22]

Ainsi, «la non-exclusion par les prix pour les routes nationales et l'exclusion par les prix pour les autoroutes, n'est (…) pas un problème technique (…). La télévision hertzienne a été un temps considérée comme non excluable par nature. L'utilisation des décodeurs, puis la télévision par câble ont changé la donne»[23].

Il en est de même pour ce qui est des questions de paiement de la musique, des films en ligne, de la numérisation des livres ou encore des logiciels libres (cf. chapitre second).

1.1.2. Les biens publics mondiaux ou de la filiation avec la théorie des biens publics

La théorie dominante, d'inspiration néoclassique pour l'essentiel, reconnait la légitimité de l'intervention de l'Etat lorsque le marché connaît des défaillances. Ces dernières apparaissent, dans le cas de l'existence de biens publics, de rendements d'échelle croissants, d'externalités ou de défauts d'information. Richard Musgrave ajoute à cette liste, l'objectif de justice sociale et l'objectif de stabilisation budgétaire[24].

[22] Hess. C, «Inscrire les communs de la connaissance dans les priorités de recherche», *Vecam*, 2 mai 2011.

[23] Beitone. A, «Biens publics, biens collectifs… », op. cit, p. 6.

[24] Cf. Desmarais-Tremblay. M, «*La théorisation des dépenses publiques de Richard A. Musgrave: essai d'histoire de la pensée et d'épistémologie économiques*», Thèse, Université de Lausanne-Université Paris I-Panthéon Sorbonne, 6 décembre 2016, 328 p.

La notion de biens publics mondiaux fait partie de la boîte à outils de la théorie économique standard des biens publics. Il s'agit de biens et de services « dont les caractéristiques inhérentes en termes de non-exclusion et de non-rivalité, rendent difficile l'établissement de droits de propriété ou d'usage, excluant ainsi la possibilité de rentabiliser sur un marché, les efforts de production ou de conservation »[25].

Ces biens et services, lorsqu'ils sont produits gratuitement par la nature, sont souvent menacés par la sur-exploitation. Il est donc « nécessaire pour produire et protéger ces biens, de se doter de règles et de moyens collectifs, coordonnés par une communauté locale ou par la puissance publique nationale »[26].

Les biens publics mondiaux sont ainsi définis de cette manière, c'est-à-dire comme des biens qui ont des caractéristiques de non-rivalité et de non-exclusion entre individus d'un même pays, mais aussi entre des populations de pays différents.

Ils traduisent, en fait, l'idée selon laquelle les choix, tout autant que les actions opérées au niveau d'un seul pays, peuvent avoir des conséquences sur le niveau du bien-être dans les autres pays du monde, auquel cas, ces biens ne peuvent être gérés que par l'action conjointe et coordonnée de plusieurs pays.

C'est la raison pour laquelle, « les premiers biens publics mondiaux identifiés, sont liés aux risques environnementaux globaux, indépendants des frontières, la lutte contre le réchauffement climatique, contre la pollution des océans, contre les épidémies ou la conservation de la diversité biologique. Plus tard, on ajoutera dans la liste des biens publics mondiaux, les efforts d'amélioration de la gouvernance globale, par exemple la régulation des marchés financiers et la stabilisation des taux de change »[27].

L'on retient assez souvent, dans la réflexion sur les modes de production des biens publics mondiaux, les deux grandes préoccupations que l'on rencontre dans les biens publics « traditionnels » :

---

[25] Thoyer. S, «La montée en puissance de la notion de bien public mondial», *L'Encyclopédie du Développement Durable,* n° 135, janvier 2011, p. 3.
[26] Ibid.
[27] Ibid.

°- La question du partage des efforts à consentir par les membres d'une communauté ou d'un groupe de pays,

°- Et la question du contrôle des passagers clandestins, c'est-à-dire ceux qui profitent de l'action collective sans en supporter le moindre coût en contrepartie.

Le partage des efforts procède en fait, de ce qu'il est convenu d'appeler « la fonction d'agrégation des biens publics », selon laquelle « chaque unité de bien public produite s'ajoute aux autres, pour constituer la quantité totale de bien public mondial disponible »[28].

L'exemple le plus emblématique ici est celui de la lutte contre le réchauffement climatique : « les efforts de chaque pays pour réduire leurs émissions de carbone, s'additionnent et contribuent de façon équivalente à limiter l'effet de serre. Dans ce type de bien public mondial, le principal défi est de s'assurer de la contribution du plus grand nombre de pays »[29].

Le comportement du passager clandestin peut être relevé aussi dans le cas de la lutte contre les épidémies par exemple. Car cette dernière « n'est effective que si tous les pays font des efforts pour endiguer la contagion et vacciner leur population. Il suffit qu'un pays ne puisse pas, ou ne veuille pas, fournir cet effort pour réduire à néant l'impact des mesures prises par les autres pays, et la tentation devient grande de s'aligner sur la contribution du plus faible »[30].

En même temps, certains biens publics mondiaux ne peuvent être produits que par certains pays, auquel cas, les autres pays doivent les aider et/ou les inciter pour en garantir la production et la sauvegarde.

Ainsi, .«si on admet que la forêt amazonienne fournit des services écosystémiques globaux (biodiversité, fonction régulatrice du climat), alors le reste de la communauté internationale doit fournir les incitations nécessaires aux pays amazoniens pour qu'ils protègent leur forêt sur leur territoire »[31].

---

[28]Cf. pour plus de développements sur ce point: Hirshleifer. J, «From weakest-link to best-shot: the voluntary provision of public goods», *Public Choice*, Springer, Vol. 43, January 1983, pp. 371-386.
[29]Thoyer. S, «La montée en puissance… », op. cit, p. 4.
[30]Ibid.
[31]Ibid.

Ce qui est valable pour la ressource amazonienne, l'est aussi dans le cas du réchauffement climatique, où l'on a convenu dans le cadre du protocole de Kyoto par exemple, de s'entendre collectivement sur la quantité d'émissions de gaz à effet de serre à ne pas dépasser, et sur la répartition de cette quantité par pays concerné.

La communauté internationale a instauré donc « un droit d'usage incitant ainsi les émetteurs de gaz à effet de serre, à limiter leurs émissions, par exemple en adoptant ou en finançant le développement de technologies moins polluantes »[32].

Il s'avère, en conséquence à cela, que ces mécanismes de production et/ou de sauvegarde des biens communs mondiaux, relèvent de niveaux centralisés et sont le plus souvent « contrôlés par une institution supra-nationale, qui a un pouvoir légitime pour s'assurer que les règles choisies collectivement, sont respectées et que les contributions à l'effort collectif sont effectivement faites »[33].

Il est vrai que de tels mécanismes exigent une certaine codification, dans le cadre de traités internationaux que les Etats peuvent ne pas signer ou encore ratifier, mais il n'est pas moins vrai aussi que de telles pistes sont les plus permises, en l'état actuel, pour l'élaboration de projets pouvant participer à la production ou à la sauvegarde des biens publics mondiaux.

Car au-delà de leur caractère technique, les biens publics mondiaux sont aussi la résultante de choix sociopolitiques, auquel cas, la définition retenue pour ces biens mérité d'être élargie.

Il ne s'agit plus ainsi, pour l'Etat ou les Etats, de pallier une défaillance du marché, mais au contraire de « construire les conditions de non-exclusion et de non-rivalité, non seulement entre pays, mais aussi pour tous les individus de la planète »[34].

---

[32] Cf. Leblanc. B, «*Le protocole de Kyoto et le marché du carbone: vers une fongibilité asymétrique à l'échelle internationale*», Mémoire de Maitrise, Université du Québec à Montréal, Montréal, février 2006, 125 p.

[33] Cf. pour plus de développements: Kaul. I, Grunberg. I, Stern. M. A, «*Global public goods: international cooperation in the 21th century*», Oxford University Press, 1999, 546 p.

[34] Cf. Zedillo. E, Thian. T, «Meeting global challenger: international cooperation in the national interest», *Report of the International Task Force on GPG*, Sweden, 2006.

L'approche se déplace ici perceptiblement, car il ne s'agirait pas de produire un bien par tel ou tel Etat. Il faudrait plutôt « le rendre public au sein d'un intérêt général mondial »[35].

Ainsi, «les biens et services essentiels qui relèvent des droits fondamentaux proposés par les Nations Unies (accès à l'eau, accès à l'éducation primaire, accès aux soins de base, etc.) pourraient être déclarés biens publics mondiaux et à ce titre, exiger un effort collectif de financement et donc de redistribution internationale des richesses»[36].

Les biens publics mondiaux, loin d'être définis par des considérations purement économiques, intègrent ainsi d'autres considérations, qui sont d'ordre éthique et du domaine de la justice sociale[37].

La notion de biens publics mondiaux a gagné certes en « richesse », mais elle a renforcé encore davantage le flou sémantique qui l'entache. Car le champ théorique économique classique utilisé par les promoteurs de ces biens, devient moins efficace, et peu opératoire de surcroît.

En effet, « la problématique traditionnelle de la théorie économique consiste à caractériser le système de droits de propriété le mieux adapté pour assurer, de manière la plus efficace possible, la production ou la gestion des biens. La notion de bien public mondial n'échappe pas à cette problématique, mais en même temps introduit une ambigüité, en insérant implicitement la problématique de l'équité dans le débat. Certains biens publics mondiaux apparaissent alors assez loin de la conception conventionnelle de biens publics, ce qui laisse penser que la catégorisation des biens publics mondiaux est, dans une certaine mesure, abusive en intégrant des éléments qui ne présentent pas nécessairement les caractéristiques de ces biens »[38].

---

[35] Cf. Stiglitz. J, «Global Public Goods and Global Finance: Does Global Governance ensure that the Global Public Interest is Served?», In: Touffut. J-P (Ed.), «*Advancing Public Goods*», Edward Elgar Publishing, 2006.

[36]Ibid.

[37]Une telle approche a été discutée in: Constantin. F (Ss. Dir.), «*Les biens publics mondiaux: un mythe légitimateur pour l'action collective*», Ed. L'Harmattan, Paris, 2002, 386 p.

[38]Ballet. J, «Propriété, biens publics mondiaux, biens communs: une lecture des concepts économiques», *Développement Durable et Territoires*, Dossier 10 («Biens communs et propriété»), 7 mars 2008.

Cette intégration est certainement due à la volonté de faire pencher le débat vers la problématique de l'équité. Mais dans ce cas, « il conviendrait d'afficher plus clairement l'importance de ce critère, de sorte que le débat sur le régime de propriété adopté, ne se réfère plus uniquement au critère d'efficience »[39].

1.1.3. De la remise en cause des biens publics ou de la « tragédie des communs »

La typologie des biens publics en économie est fondée sur la notion de rivalité dans la consommation et d'exclusion dans l'usage.

Lesdits biens portent donc la marque de la non-rivalité dans la consommation et de la non-exclusion dans l'usage : le bénéfice de l'un n'en prive pas les autres d'une part, et l'impossibilité d'en priver qui que ce soit et sous quel motif que ce soit, d'autre part.

Or, sur le chemin de la définition des biens publics, « traditionnels » ou mondiaux, l'on ne manque de croiser, et à plusieurs reprises, la notion de biens communs.

En effet, « la théorie économique qui sert de base à la définition des biens publics, considère (...) les biens communs comme une forme impure de biens publics, parce qu'ils respectent la contrainte de non-excluabilité, mais pas celle de non-rivalité. Sont communs les biens sur lesquels aucune unité sociale (individus, famille, entreprise) ne dispose de droits exclusifs, qu'il s'agisse de droits de propriété ou de droits d'usage. C'est l'exemple des biens communaux (bois ou pâturages) de l'Europe médiévale, qui ont servi de référence historique à cette réflexion »[40].

C'est la raison pour laquelle en 1968, le socio-biologiste Garett Hardin a tenté une remise en cause radicale de la notion de bien public (ou collectif) parce qu'elle ne pourrait, à son sens, que conduire à ce qu'il appelle une « tragédie des communs ».

---

[39]Ibid.

[40]Compagnon. D, «La biodiversité entre appropriation privée, revendications de souveraineté et coopération internationale», *Développement Durable et Territoires*, Dossier 10 («Biens communs et propriété»), 7 mars 2008.

Le modèle de Hardin[41] stipule que lorsqu'une ressource est en libre accès, chaque utilisateur est conduit spontanément à y puiser sans limite, poussant ainsi à sa dégradation, puis à sa disparition à terme.

L'exemple le plus souvent évoqué à ce propos est celui d'un pâturage sur lequel « chaque éleveur cherche à accroître son troupeau, puisque de toute façon, le prix à payer est quasi-nul par rapport au bénéfice immédiat obtenu. Mais, au terme de ce processus, tous les éleveurs sont perdants »[42].

Cette image utilisée par Hardin, selon laquelle le pâturage est ouvert à tous, emprunte le jeu du dilemme du prisonnier qui est en fin de compte, un jeu à somme nulle.

Car « celui-ci se présente sous la forme d'un jeu non coopératif, c'est-à-dire sans possibilité de communication entre des joueurs/éleveurs. Il est supposé que l'information est parfaite, c'est-à-dire que les joueurs sont capables d'évaluer les conséquences de leur comportement, mais qu'ils connaissent aussi les conséquences des actions des autres agents »[43].

Autrement dit, le modèle de Hardin est une application directe du dilemme du prisonnier, étudié et largement mis en évidence par la théorie des jeux.

		Player B	
		Cooperation	Non-cooperation
Player A	Cooperation	Reward, Reward	Sucker, Temptation
	Non-cooperation	Temptation, Sucker	Punishment, Punishment

Figure 0-1: Le dilemme du prisonnier

Figure 4 : Le dilemme du prisonnier[44]

[41]Hardin. G, «The tragedy of commons», *Science*, Vol. 162, n° 3859, December 13, 1968, pp. 1243-1248.

[42]Ibid.

[43]Le champ ouvert à tous atteste des caractéristiques des biens publics, car tous les éleveurs sont libres d'y faire paître leurs bêtes.

[44]Howard. J. V, «Cooperation in the Prisoner's Dilemma», *Theory and Decision*, n° 24, March 1988, pp. 203-213.

En effet, « si les suspects, au lieu de se dénoncer mutuellement, coopèrent, ils subiront des peines moins lourdes. Mais ils ne sont pas portés spontanément à la coopération et dès lors, tous ont tendance à se comporter en passagers clandestins »[45].

La démonstration de Hardin s'appuie donc sur l'exemple d'un champ ouvert à tous, où tous les éleveurs pourraient faire paître leurs animaux.

Ainsi, « lorsqu'ils réfléchissent individuellement à faire paître un animal de plus, tous les éleveurs calculeraient implicitement ou explicitement, le rapport entre le coût et l'avantage d'une telle décision. Cette dernière a en effet, un versant positif : l'ajout d'une nouvelle bête au troupeau qui pourra être revendue entièrement au profit de son éleveur, et un versant négatif : la pression sur les ressources du champ augmente avec la bête supplémentaire. Les conséquences étant cependant partagées par tous les éleveurs, le choix d'ajouter une nouvelle bête rapporte plus qu'il ne coûte à l'éleveur. Et ce raisonnement vaut pour les bêtes supplémentaires, ainsi que pour tous les éleveurs s'ils sont rationnels »[46].

La tragédie pour Hardin provient du fait que les éleveurs sont encouragés par la logique du système, à augmenter indéfiniment la taille de leur troupeau dans un écosystème fini, sans contribuer ni à son entretien, ni à sa pérennité, ni à son développement. La ruine « serait donc le sort qui guetterait tous les biens communs, dont l'utilisation est libre et donc potentiellement victime de dégradations, comme il l'illustre avec le cas de la pollution »[47].

En faisant appel à la théorie des jeux, la logique de Hardin pourrait se traduire dans les termes suivants : « Soit H ce nombre maximum d'animaux, et considérons un jeu à deux joueurs. Un éleveur peut adopter deux types de comportements. L'option A correspond au choix de la coopération. Dans ce cas, il conduit au pâturage, un nombre égal à H/2 animaux. L'option B correspond à la non-coopération. Compte tenu de ses coûts, il essaie alors d'introduire un

---

[45]Cf. Faysse. N, «Que dit la théorie économique sur la gestion des ressources en bien commun? Les différents outils et les avancées récentes», *Working Paper*, Université de Montpellier, 29 mai 2001, 19 p.
[46]Caraco. B, «La tragédie des services communs: pour des droits de tirage», *Bulletin des Bibliothèques de France*, n° 1, mars 2014, p. 162.
[47]Ibid.

maximum d'animaux au pâturage, nombre supérieur à H/2. Quand le jeu est résolu, il s'avère que la non-coopération est une stratégie dominante pour chacun des joueurs. Par conséquent, l'équilibre de Nash est un équilibre en stratégie dominante (B, B), mais n'est pas optimal au sens de Pareto, qui résulte de la coopération entre les joueurs. En effet, si chaque joueur avait choisi la stratégie de coopération, les gains auraient été plus élevés que ceux obtenus à l'équilibre de Nash »[48].

L'on constate ici manifestement, que le dilemme du prisonnier, tel que modélisé par la théorie des jeux, atteste de la difficulté qu'il y a à réaliser l'intérêt commun à partir de la seule poursuite de l'intérêt individuel.

C'est la raison pour laquelle, et face à la perspective de dilapidation des biens communs, Hardin n'appelle pas à la conscience des individus pour leur demander de s'abstenir, de modérer leur comportement ou de contribuer à la prise en charge de la production, de l'entretien et du renouvellement des biens communs au nom de l'intérêt général[49].

Hardin, par-là, n'élève pas la responsabilité au rang de principe moral, mais la considère comme « le produit d'accords sociaux bien définis, à l'origine d'une coercition acceptée mutuellement, comme les impôts ou les droits de propriété »[50].

Il reconnait toutefois, que « ces derniers, couplés avec l'héritage, sont profondément injustes mais, selon lui, inévitables pour éviter la dilapidation des biens communs, qu'il préfère sauvegarder avant tout, au risque de laisser des inégalités se développer »[51].

Partant d'un tel argumentaire, Hardin envisage les différentes solutions permises pour endiguer la tragédie : « vente des biens communs comme des biens privés, les conserver comme des biens communs, tout en restreignant l'usage selon des critères d'attribution à définir (richesse, mérite, etc.), le tirage au sort, la règle du premier arrivé/premier servi, la taxation dans le cas de la pollution, afin de

[48]Ibid.

[49]Hardin va même jusqu'à leur dire: «Utilisez cette ressource avec modération, mais si vous vous conformez vraiment à ce précepte, vous n'êtes pas rationnels».

[50]Hardin. G, «The tragedy of commons», op. cit.

[51]Ibid.

rendre son traitement plus rentable par rapport à l'impôt[52] (...) ou, dit autrement, d'internaliser les externalités »[53].

Hardin tranche donc et conclut en faveur de nouvelles « enclosures » [54], c'est-à-dire en faveur de formes de privatisation acceptées par les différentes parties prenantes, prétextant que certaines formes existent déjà, et sont généralement acceptées au-delà des sacrifices et des privations pouvant être relevés ici ou là. Il plaide, à défaut de cela, en faveur de leur nationalisation systématique.

Dans le cas des nationalisations, Hardin pense que celles-ci peuvent revêtir plusieurs formes. La ressource appartenant à l'Etat, libre à ce dernier de l'exploiter lui-même, de la redistribuer ou d'en limiter l'accès d'une manière ou d'une autre (permis d'usage, contrôles ponctuels, etc.), comme il peut décider d'interdire purement et simplement l'accès.

Quant à la privatisation, cette solution n'est pas diamétralement opposée à la précédente, car elle consiste à préconiser la mise en place d'un droit de propriété pour une ou plusieurs personnes.

Il ne s'agit pas ici d'une vente de la ressource, mais plutôt d'une exploitation privée, la gestion de l'accès restant dans des mains externes dont fondamentalement celles de l'Etat.

N'empruntant ni la première ni la seconde solution, Elinor Ostrom a apporté une vision alternative de la gestion des biens communs, sans nécessairement parler de tragédie.

---

[52]Comme cela est le cas pour le protocole de Kyoto sur les gaz à effets de serre.
[53]Caraco. B, «La tragédie des services communs... », op. cit, p. 164.
[54]Le terme renvoie aux premières enclosures qui ont annoncé au 17ème siècle, l'ère de la révolution industrielle. Y prenant corps, la réflexion de Hardin ne pourrait ainsi que s'imposer: «le libre usage des communs conduit à la ruine de tous». Cf. Neeson. J. M, «La clôture des terres et la société rurale britannique: Une revue critique», *Histoire économique et sociale*, 18ème Année, n° 1, 1999, pp. 83-106.

1.2. De la théorie des biens communs : l'apport d'Elinor Ostrom

Les biens communs correspondent à un ensemble de ressources partagées par une communauté d'utilisateurs. Deux grands types d'externalités négatives peuvent provenir de la gestion de ces ressources :

°- La première se rapporte à l'appropriation des différents flux que l'on pourrait tirer de ces ressources. Ainsi, un manque de coopération et/ou de coordination entre les utilisateurs, conduirait inévitablement à leur sur-exploitation, puis à leur dégradation, du fait que chacun de ces utilisateurs préfère tirer avantage de la quantité prélevée, sans vouloir supporter la contrepartie en termes de coût de prélèvement. Une telle situation a été fort décrite par Garett Hardin.

°- La seconde externalité concerne la production du bien commun lui-même, c'est-à-dire la manière dont la gestion du stock de la ressource concernée, est opérée. L'utilisateur pleinement impliqué dans la fourniture de la ressource et sa surveillance peut, par exemple, ne tirer qu'un bénéfice partiel par rapport aux utilisateurs non ou peu impliqués. L'intérêt commun ne pourrait, par voie de conséquence, être réalisé à partir de la simple poursuite de l'intérêt individuel.

C'est dans cette contradiction entre les deux perspectives que les fondements théoriques de la tragédie des communs trouvent leurs limites et insuffisances.

Les travaux d'Elinor Ostrom montrent que si ladite tragédie pourrait paraître plausible dans certaines situations, elle ne s'applique pas toujours à l'ensemble des ressources naturelles ayant les mêmes caractéristiques des biens communs.

Les exemples ne manquent pas de ressources communes auxquelles s'appliquerait la dite tragédie. D'autres s'y prêtent rarement ou ne s'y prêtent pas dans leur globalité.

1.2.1. Des insuffisances de la théorie de la « tragédie des communs »

L'essentiel des fondements théoriques à la base de la « tragédie des communs », a fait l'objet de critiques émanant tantôt des approches institutionnelles, tantôt des études empiriques et monographiques détaillées, portant sur telle ou telle ressource commune.

En effet, il a été (dé)montré que certaines ressources naturelles sont ou peuvent être gérées de manière collective, sans que de telles formes de gestion conduisent pour autant, à des situations de sur-exploitation ou de dégradation de leur état[55].

En même temps, il a été (dé)montré que les stratégies de coopération n'induisent généralement des bénéfices bien plus importants, et plus favorables de surcroît, que dans les cas assez souvent avancés dans les approches en termes de « dilemme du prisonnier ».

Ces arguments sont ordinairement décrits par la théorie des jeux, sous la forme du jeu de la poule mouillée, de la chasse au cerf et du dilemme du prisonnier répété [56]:

°- Le jeu de la poule mouillée est une variante du dilemme du prisonnier. Il est fondé sur le principe que « s'il est toujours avantageux de trahir quand l'autre coopère, il est maintenant quasi avantageux de coopérer si l'autre trahit ».

Chaque joueur préfère ici éviter la non-coopération, encore moins la dégradation de la ressource commune.

Il n'y a pas, dans ce cas d'espèce, de stratégie dominante, car lorsque la ressource naturelle est rivale pour les individus, une attitude non coopérative ne pourrait que conduire à des situations désastreuses.

C'est pour cette raison que « les individus cherchent à l'éviter et préfèrent choisir la stratégie de coopération, même si les autres choisissent de ne pas coopérer. D'où la notion de poule mouillée »[57].

Un tel comportement peut être observé dans des situations où « un individu choisit de fournir lui-même la ressource, comme nettoyer des canaux d'irrigation ou assurer la surveillance des lieux de pêche. Chacun peut entretenir le système d'irrigation seul, mais tout le monde peut en profiter. Si un fermier n'effectue pas sa part des

---

[55]Rasmusson. L. N, Meinzen-Dick. R, «Local organizations for natural resource management: lessons for theoretical and empirical literature», Discussion Paper, n° 11, *International Food Policy Research Institute*, Washington DC, 1995.
[56]Les développements relatés ici sont empruntés à: Combes. J-L, Combes-Motel. P, Schwartz. S, «Un survol de la théorie des biens communs», *Revue d'Economie du Développement*, Vol. 24, n° 3-4, 2016, p. 59 et suivantes.
[57]Cf. Eber. N, «*Théorie des jeux*», Ed. Dunod, 3ème édition, Paris, 2013, p. 83 et suivantes.

travaux, l'autre a intérêt à réaliser l'entretien pour pouvoir continuer à utiliser le réseau d'irrigation.

Transposée au niveau international, cette approche affirme que la stratégie de non-coopération ne pourrait être que désastreuse. En effet, les biens publics mondiaux (collectifs ou communs) «ne connaissent pas d'exclusion aux frontières (tous les pays en profitent), ou de rivalité de consommation (un pays peut en profiter sans retirer de bénéfices aux autres pays). La question des biens publics mondiaux est alors traitée en termes d'intérêts, de coûts et d'avantages, et de dédommagements des différents agents»[58].

L'économique délimite ainsi largement le champ du politique, mais le délimite davantage à partir du marché. Car le champ des biens communs mondiaux, quoi que traversé d'enjeux politiques divers, appelle des formes de coopération marchandes, seules à même de faire face à des phénomènes tels « le réchauffement de la planète, la recherche, la lutte contre la propagation de maladies, telles que le sida ou le paludisme, la stabilité des marchés financiers, la lutte contre la pauvreté, etc. »[59].

Certains auteurs rangent parmi ces biens, un système commercial ouvert, un système monétaire international stable, des règles prudentielles et des mécanismes de sanction[60].

Quant aux questions du climat, de l'eau, de l'air, de la biodiversité ou de la sécurité internationale, elles sont rangées naturellement et « d'office », parmi les biens publics à caractère mondial.

°- Le deuxième argument avancé par la théorie des jeux concerne le jeu de la chasse au cerf[61]. C'est précisément le cas où dans des circonstances particulières, un individu ne peut réaliser seul et de son unique propre gré, l'intégration du travail de fourniture ou d'entretien d'un bien commun quelconque. Car pour produire un bien commun, la décision pour ce faire, doit émaner de la conjonction de plusieurs choix individuels.

---

[58] Gabas. J. J, «Les biens publics mondiaux et la coopération internationale», *L'Economie politique*, n° 12, avril 2014, p. 24.

[59] Ibid.

[60] Cf. Kindleberger. Ch. P, «*The international economic order. Essays on financial crisis and international public goods*», University of California Press, 1986, 243 p.

[61] Cf. Eber. N, «*Théorie des jeux*», op. cit, pp. 74-78.

Ainsi, pour pouvoir exploiter une ressource naturelle, comme la construction d'une digue ou d'un pont, l'apport collectif pour mettre en place l'infrastructure nécessaire à cela, est incontournable.

Le joueur « a ainsi intérêt à contribuer à l'effort collectif pour fournir le bien public, si les autres joueurs consentent au même effort. Les joueurs sont donc incités à coordonner leur anticipation pour atteindre l'équilibre coopératif qui correspond à l'optimum de Pareto »[62].

Sur le plan international, un tel principe ne met pas uniquement en avant la défaillance des marchés, mais aussi celle des Etats. En effet, « le marché ne permet pas une production optimale de ces biens et chaque Etat a, en revanche, intérêt à être un passager clandestin, en laissant aux autres le soin de les financer et de les produire. La production de biens publics au niveau international suppose, dès lors, une action collective de la part d'acteurs publics, ou une régulation par des agences privées indépendantes »[63].

°- Le troisième argument de la théorie des jeux : le dilemme du prisonnier répété[64]. Il atteste que, paradoxalement à son principe de base, la coopération pourrait spontanément émerger et prendre corps à moyen et long terme.

En effet, avec le temps, ce dilemme peut être contourné, notamment lorsque le nombre de répétitions du jeu est inconnu des joueurs. Dans ce cas, « les individus qui ne coopèrent pas, perdent à long terme, et ceux qui coopèrent finissent par gagner. Autrement dit, les individus rationnellement altruistes sont récompensés. L'équilibre coopératif émerge quand les gains futurs de la stratégie de coopération sont peu dépréciés, et les gains liés à une attitude non coopérative, ne sont pas trop importants »[65].

Au plan international, l'on est en présence de deux mouvements qui sont de nature à peser sur le sort de la coopération autour des biens communs :

---

[62] Cf. pour plus de développements: Baland. J-M, Platteau. J-P, «Coordination problems in local-level resource management», *Journal of Development Economics*, n° 53, 1997, pp. 197-210.
[63] Gabas. J. J, «Les biens publics mondiaux… », op. cit, pp. 21-22.
[64] Eber. N, «*Théorie des jeux*», op. cit, pp. 64-68.
[65] Ibid.

+ D'un côté, « il y a marchandisation croissante de biens non marchands et établissement de droits de propriété sur des biens communs, depuis l'aliénation des ressources naturelles jusqu'au brevetage du vivant,

+ De l'autre, des Etats exerçant leur monopole dans l'espace national »[66].

Entre ces pouvoirs, tant privés que publics, il y a des collusions, mais aussi des conflits. Quelle est alors la légitimité des droits de propriété des agents privés ou des Etats par exemple, sur ces biens considérés comme communs, tels que le droit de vivre, la santé, la sécurité ou encore la biodiversité?

C'est à ce niveau précis que la problématique des biens communs trouve son ancrage et ses implications institutionnelles leur justification.

1.2.2. Elinor Ostrom et la théorie des biens communs

La théorie des biens communs ne peut nullement faire l'économie de la thèse de la tragédie des communs. Cette tragédie, telle que perçue et décrite par Hardin, apparaît lorsque la ressource est partagée par un grand nombre d'utilisateurs, peu aptes potentiellement à coopérer et à coordonner leurs actions.

Mais elle ne paraît pas évidente, encore moins justifiée, lorsque la ressource est partagée par un petit nombre d'utilisateurs, potentiellement disposés entre eux, à aplatir les éventuels défauts de coordination.

C'est la raison pour laquelle, dit Ostrom, ni l'Etat, ni le marché ne sont « toujours la solution pour prévenir la tragédie des communs, et les arrangements institutionnels entre utilisateurs qui permettent une exploitation efficace de la ressource, ne sont jamais ni entièrement publics, ni entièrement privés »[67].

L'auteure récuse ici, à la fois le tout marché et le tout Etat. Elle récuse ce dilemme, « pour dire quelles sont les institutions que les acteurs se

---

[66]Ibid.
[67]Ostrom. E, «Common-pool resource and institutions. Towards a revised theory», In Gardner. B. L, Rausser. G. C (Ss. Dir), «*Handbook of agricultural economies*», Chap. 24, Elseiver, Amsterdam, 2002, pp. 1315-1339.

donnent, afin de résoudre leurs problèmes d'action collective, dans un cadre auto-organisé et auto-gouverné »[68].

La place des institutions est fondamentale ici. Elle a de tout temps, constitué un élément de clivage essentiel entre les différents courants de la pensée économique standard.

En effet, « Marx, Keynes, Polanyi et les fondateurs américains du courant institutionnaliste du début du XXème siècle, Thorstein Veblen et John Rogers Commons, partagent l'idée que les relations économiques et sociales, notamment les échanges marchands, s'inscrivent toujours dans un cadre d'institutions dont dépend aussi l'évolution des sociétés. Au contraire, dans le paradigme néo-classique, à partir d'une tradition en partie héritée d'Adam Smith, la rencontre d'individus rationnels et libres va à elle seule, engendrer le marché et donc la société »[69].

Or, les impasses théoriques de ce dernier modèle ont amené, dans la seconde moitié du XXème siècle, « plusieurs théoriciens néo-classiques, à amender le modèle standard, en y introduisant des hypothèses d'information et de concurrence imparfaites, et en relâchant l'hypothèse de rationalité parfaite, tout en prenant en compte le rôle des institutions. Les plus importants de ces auteurs néo-institutionnalistes sont Roland Coase, Douglass North et Olivier Williamson, qui ont rénové la théorie néo-classique, à partir notamment de la notion de coûts de transaction, liés à la recherche d'information ou aux imperfections des marchés »[70].

La réflexion d'Ostrom s'inscrit pleinement dans le cadre néo-classique standard, mais rénové toutefois par le courant néo-institutionnaliste[71].

C'est la raison pour laquelle, pour contourner le problème du passager clandestin propre à Hardin, Ostrom cherche à «contribuer au développement d'une théorie valide au plan empirique des formes d'auto-organisation et d'auto-gouvernance de l'action collective (...)

---

[68] Cf. Ostrom. E, «*Governing the commons: the evolution of institutions for collective action*», Cambridge University Press, New York-Cambridge, 1990, 280 p.
[69] Cf. pour plus de développements: Bernoux. P et al., «Entreprise, institution et société», *Rapport de recherche*, Ministère du travail, Paris, 1996, 147 p.
[70] Cf. Maucourant. J, «New Institutional Economies and History», *Journal of Economic Issues*, Vol. XLVI, March 2012, p. 193-207.
[71] Cf. Chanteau. J-P, Labrousse. A, «L'institutionnalisme méthodologique d'Elinor Ostrom: quelques enjeux et controverses», *Revue de la Régulation*, vol. 14, 2013.

de telle sorte que les appropriateurs adoptent des stratégies coordonnées»[72].

Mais l'originalité de l'apport d'Ostrom réside ailleurs. Elle réside spécialement dans le fait que l'auteure ne s'intéresse pas à la nature des biens qui allait déterminer leur caractère de commun. Elle se penche plutôt sur le cadre institutionnel et réglementaire qui préside à leur érection en tant que communs, c'est-à-dire qui les institue en tant que tels.

Les études monographiques menées par Ostrom, lui ont permis d'établir huit principes que les biens communs doivent respecter pour assurer leur protection par les communautés d'acteurs :

°- Les ressources et les ayants droit doivent être clairement définis,

°- Les règles de gestion de la ressource doivent être conformes aux réalités de l'environnement local et aux objectifs des ayants droit,

°- Les ayants droit doivent participer à l'élaboration et à la modification des règles de gestion,

°- Les agents chargés de la mise en œuvre de ces règles doivent être responsables devant les ayants droits,

°- Il doit exister un système gradué de sanctions, en cas de violation des règles,

°- Le dispositif doit prévoir un accès rapide et aisé à des instances locales permettant de résoudre de potentiels conflits,

°- Les autorités supérieures (en l'occurrence les Etats) doivent reconnaître le droit des instances locales à autogérer les ressources, garantissant ainsi le principe de subsidiarité,

°- En cas d'existence de vastes ressources communes, des dispositifs de gestion imbriqués peuvent être conçus[73].

Il apparaît fort évident, quoique ces conditions soient d'ordre général, que les communautés de petite taille sont celles qui peuvent réussir une gestion collective de la ressource commune. Les sanctions

---

[72]Ostrom. E, «*Gouvernance des biens communs. Pour une nouvelle approche des ressources naturelles*», Ed. De Boeck, Bruxelles, 2010, pp. 40-54.
[73] Adams. W. M et al., «Common choices: policy options for common pool resources», *Department for International Development*, London, 2001, 40 p.

prévues, graduelles et négociables, sont émises pour faire respecter les règles établies, la finalité étant de ramener l'ensemble des utilisateurs à une situation de coopération, seule à même de garantir des gains importants.

Mais l'action collective ne pourrait prendre forme ici qu'en évitant deux écueils de taille :

+ Le premier concerne les interventions extérieures intempestives, notamment celles émanant de l'Etat ou des structures qui lui sont rattachées. Ces interventions « peuvent être destructrices et entraîner la disparition des systèmes traditionnels de gestion des ressources naturelles »[74].

+ Le second écueil se rapporte aux comportements de rente pouvant éventuellement s'exprimer, et qui sont fort défavorables à une gestion efficace des ressources, les communs étant « mus essentiellement par les considérations d'équité »[75].

Ostrom, en partant de ces principes, affirme le caractère « supérieur » du bien commun par rapport au bien public ou collectif, car il est largement rattaché aux critères d'équité et d'efficacité.

Elle dit en substance : « une personne qui contribue à la fourniture d'un bien purement public, ne se soucie pas vraiment de qui d'autre l'utilise, et quand et où, du moment qu'un nombre suffisant d'autres individus partagent le coût de la fourniture. Une personne qui contribue aux activités de fourniture d'une ressource commune, est très attentive au nombre de personnes qui l'utilisent et aux conditions de leur utilisation, même si ces autres personnes contribuent toutes à sa fourniture »[76].

Ostrom place ainsi la théorie des biens communs au cœur d'une réflexion sur la gouvernance de ceux-ci. La gestion qui en découle n'est pas imposée par le marché. Elle n'est pas imposée non plus, par une réglementation étatique. Elle est plutôt fondée sur la coresponsabilité, le partage et la « copropriété » de la communauté sur une ressource commune, c'est-à-dire appartenant à tous.

---

[74]Ibid.

[75]Cf. Rawls. J, «*A theory of justice*», Harvard University Press, 2nd Edition, 1999, 560 p.

[76]Ostrom. E, «*Gouvernance des biens communs…* », op. cit, p. 8.

Le souci premier de ladite communauté consiste pour l'essentiel, à concilier l'ouverture de l'accès avec la préservation de ressources qui sont communes, et qui devraient être considérées et gérées comme telles.

Toute la question est, par conséquent, de savoir comment articuler ce droit d'usage et ce principe de préservation de la ressource. L'on pense même que ladite préservation devrait être perçue comme un pré-requis à toute forme d'usage potentielle.

Les exemples relevés par les monographies d'Ostrom, s'agissant de la combinaison dans les canaux d'irrigation, de l'entretien de ces derniers et de la gestion de la ressource en eau, montrent en quoi les valeurs de la communauté constituent le socle de la gestion partagée à l'échelle locale, offrant ainsi « une alternative tant à la privatisation qu'à la nationalisation »[77].

Il existe en effet, « une relation positive entre la viabilité de l'organisation institutionnelle, et la présence d'un vaste ensemble de valeurs partagées par les membres de la communauté, permettant aux groupes de surmonter les difficultés de gestion propres aux ressources communes »[78].

Ces valeurs « véhiculent les connaissances collectives et constituent le fondement de l'ordre social au sein de la communauté des utilisateurs. Elles permettent en outre, de prendre conscience de l'importance de l'adaptabilité et de la flexibilité de l'institution »[79].

Ces valeurs et règles de coopération et d'auto-gouvernance constituent aussi, à elles seules, une véritable contestation de la part d'Ostrom, des théories conventionnelles, celles qui se limitaient à décrire « des individus isolés qui, en fonction de leur intérêt propre et égoïste, ne pouvaient ni trouver des règles qu'ils s'imposeront à eux-mêmes, ni contribuer à un résultat collectif satisfaisant pour la société. Les solutions proposées à ce problème par ces théories sont la privatisation ou la nationalisation »[80].

---

[77]Ibid.
[78]Cf. Giangiacom. B, Marelli. B, «Ressources communes», *Revue de géographie alpine*, n° 96, mars 2008.
[79]Ibid.
[80]Antona. M, Bousquet. F, «*Une troisième voie entre l'Etat et le marché. Echanges avec Elinor Ostrom*», Ed. Quee, Versailles, 2017, p. 33.

L'auteure insiste là sur deux points essentiels :

°- D'une part, « il n'y a pas de relation entre une règle spécifique et le succès d'un système de gouvernance. C'est le respect d'un ensemble de principes directeurs qui permet la robustesse des systèmes de gouvernance,

°- D'autre part, on peut montrer que la diversité et l'emboîtement des unités de gouvernance ne sont pas un handicap, mais un atout pour une gestion durable »[81].

Par ailleurs, il faudrait noter que parmi les dix-sept cas recensés et étudiés par Ostrom, six d'entre eux présentent une « performance institutionnelle solide », parce qu'ils réunissent les conditions de réussite requises : ressources et ayants droit identifiés, accès clairement définis, règles établies concordantes, surveillance rapprochée, sanctions graduelles, mécanismes de résolution des conflits bien délimités, etc. Les autres cas sont relativement fragiles et supposent appui.

Cela tendrait à confirmer l'hypothèse selon laquelle la « présence ou l'absence de règles institutionnelles, dépendent de facteurs qui ne se situent pas tous au seul échelon microsocial, mais se situent au niveau de l'organisation sociale d'ensemble »[82].

1.2.3. Biens communs et notion d' « arrangement institutionnel »

Sur le plan de la philosophie politique pure, Elinor Ostrom s'est perceptiblement écartée de la philosophie des droits de propriété individuels, telle que conçue par les théoriciens de la pensée politique standard (John Locke et Thomas Hobbes notamment).

Elle récuse ainsi à la fois le tout marché et le tout Etat. Elle récuse encore une fois, « ce dilemme, pour dire quelles sont les institutions que les acteurs se donnent, afin de résoudre leurs problèmes d'action collective, dans un cadre auto-organisé et auto-gouverné »[83].

---

[81]Ibid.

[82]Cf. pour les cas étudiés: Ostrom. E, «*Gouvernance des biens communs…*», op. cit, p. 217.

[83]Cf. Bernoux. P, «L'entreprise dans ses rapports à la société. Une problématique sociologique nouvelle», In Bernoux. P et al., «Entreprise, institution et société», op. cit, pp. 7-16.

La démarche d'Ostrom ne s'éloigne pas trop de l'approche individualiste, mais s'inscrit toutefois, dans une rationalité plus ou moins élargie.

Ainsi, à partir de l'hypothèse que la connaissance des règles est totale pour chaque membre de la société[84], la solution pouvant en découler, ne pourrait être que la meilleure possible, et l'optimum recherché ne pouvant qu'être atteint de par la force de la coordination.

Par conséquent, « ce n'est plus la main invisible du marché qui assure cette optimalité, ni même comme chez Rawls, le contrat sous voile d'ignorance. C'est (plutôt) le jeu de coordination dans une communauté étroite »[85].

Mais l'apport le plus important d'Elinor Ostrom consiste précisément et spécialement dans l'accent qu'elle a mis sur les institutions et les arrangements institutionnels. Elle en a fait le cœur de sa réflexion sur la production, la gestion et la gouvernance des biens communs.

Elle privilégie, de ce point de vue, une conception des institutions largement centrée sur la notion de règles, qu'elle définit comme « des compréhensions partagées par les acteurs, ayant trait à des prescriptions effectives, définissant quelles actions ou quels résultats sont requis, interdits ou permis »[86].

Il est vrai que l'auteure renoue par-là, avec l'approche institutionnaliste des fondateurs, notamment pour ce qui est de la place réservée au système légal et aux droits de propriété. Mais il n'est pas moins vrai que l'institutionnalisme d'Ostrom insiste fortement sur le « caractère configurationnel et non séparable des règles »[87].

---

[84]Ostrom. E, «*Gouvernance des biens communs....* », op. cit, p. 68.
[85]Ibid.
[86]Ostrom. E, «An agenda for the study of institutions», *Public Choice*, Vol. 48, n° 1, 1986, pp. 3-25.
[87]Cf. Le Crosnier. H, «Elinor Ostrom. L'inventivité sociale et la logique du partage au cœur des communs», *Hermès*, n° 64, 2012, pp. 193-198.

Figure 5 :Communs et régimes de propriété[88]

Il faudrait considérer ici des systèmes de règles qui ne se contentent pas d'agir sur les comportements, mais qui affectent directement les « situations en action »[89].

Dire cela reviendrait à dire que de telles règles « construisent une structure sociale, notamment en définissant les positions et les droits de propriété et obligations attachés à ces positions »[90].

Trois niveaux méritent à ce niveau, d'être mis en relief, s'agissant de la portée des règles dans la réflexion d'Ostrom, leur classification, leur hiérarchie et les relations qu'elles entretiennent avec les normes [91]:

°- S'agissant de la classification des règles, l'auteure dit ceci : « toute situation d'action (à quelque niveau que ce soit, depuis une communauté jusqu'au niveau national ou international) s'analyse comme une interaction entre des acteurs qui ont certaines positions, des capacités d'action aux différentes étapes des processus de décision, liées au degré de contrôle et aux informations dont ils

[88]Poor. R, «Notes on Property in Commons», July 22, 2014.
[89]Cf. Perez. R, Paranque. B, «Elinor Ostrom: les communs et l'action collective», *Revue de l'Organisation Responsable*, Vol. 7, n° 2, janvier 2012, pp. 3-10.
[90]Ibid.
[91] Cf. pour plus de développements: Weinstein. O, «Comment comprendre les communs: Elinor Ostrom, la propriété et la nouvelle alternative institutionnelle», *Revue de la Régulation*, n° 14, 2ème trimestre, Automne 2013.

disposent, aux conséquences vraisemblables de leurs actions et aux coûts et bénéfices attendus de ces conséquences »[92].

Ce que l'auteure appelle « les règles de position » définissent ainsi différentes positions, tout autant que les actions qui leur sont attribuées.

Les règles dont il s'agit sont, par ailleurs, classées et caractérisées de la manière suivante :

+ Les règles d'entrée/sortie, qui définissent « qui est éligible aux différentes positions» et les conditions dans lesquelles un individu peut accéder (par choix ou obligation) à une position,

+ Les règles de choix, qui « spécifient les actions possibles, obligées ou interdites, attachées à chaque position »,

+ Les règles d'attribution du contrôle, qui « définissent le niveau de contrôle des individus sur les actions ou la mise en œuvre d'une activité »,

+ Les règles d'information, qui « agissent sur le niveau d'informations disponibles sur les actions des divers acteurs, et sur les liens entre actions et résultats »,

+ Les règles de paiement, qui « affectent les coûts et les bénéfices en fonction des actions des agents et des résultats »,

+ Les règles de cadrage, qui « définissent les conséquences et leur ampleur, qui peuvent ou non être acceptées dans une situation »,

+ Les règles de choix, qui « portent sur les actions »,

+ Et les règles de ciblage, qui « portent sur les conséquences des actions ».

A partir d'une telle classification, Ostrom, par une démarche combinatoire, conçoit des « configurations institutionnelles très diverses, de même que des processus de transformations institutionnelles, et surtout (...) des systèmes complexes d'affectation de droits et d'obligations (et des coûts et bénéfices) entre les divers

[92]Ostrom. E, Basurto. X, «Crafting analytical tools to study institutional change», *Journal of Institutional Economics*, n° 7, 2011, p. 323.

participants à un groupe, en fonction de la définition de différentes positions »[93].

°- Pour ce qui est de la hiérarchie des règles, Ostrom adopte une perspective multi-niveaux à même de permettre de prendre en considération les complémentarités institutionnelles. Car un commun ne peut pas être compris comme « un système » isolé, relevant uniquement de ses propres règles et normes. C'est plutôt un dispositif « toujours inséré dans des environnements (et notamment des environnements marchands et des environnements publics) qui conditionnent ses caractères et son fonctionnement »[94].

Partant de là, Ostrom met en lumière l'importance de différents niveaux d'analyse des institutions, et ce en considérant trois types de règles, micro et macro, fort imbriqués :

°- D'abord, les règles « opérationnelles », qui définissent les droits et les obligations des parties, tels les droits d'accès aux ressources et les droits d'obtenir des produits des ressources,

°- Ensuite, les règles de « choix collectifs », qui « déterminent notamment qui participe aux activités opérationnelles et comment les règles opérationnelles sont modifiées »,

°- Enfin, les règles de « choix constitutionnels », qui « fondent une organisation ou un pays, encadrent les règles de choix collectifs et déterminent qui peut y participer et quelles règles sont mises en œuvre pour construire ou modifier les règles de choix collectifs ».

En termes d'analyse des biens communs, Ostrom ne prend pas uniquement en compte les règles qui régissent les conditions d'accès et d'usage d'une ressource (c'est-à-dire les règles opérationnelles qui définissent un régime de propriété), mais aussi « les procédures qui sont mises en place pour pouvoir, face à des dysfonctionnements ou des conflits, modifier ces règles (les règles de choix collectifs et de choix constitutionnels). Le système hiérarchisé des règles qui régit un commun et sa gouvernance, apparaît ainsi comme un véritable système politique »[95].

---

[93]Ibid.
[94]Cf. Ostrom. E, Walker. J. M, «Communication in a commons: cooperation without external enforcement», *Laboratory Research in political Economy*, University of Michigan Press, 1991, pp. 287-322.
[95]Cf. chapitre troisième.

°- Le troisième niveau, significatif de la portée des règles dans la pensée d'Ostrom, concernerait la distinction qu'elle établit entre règles et normes, et la place de choix qu'elle réserve aux secondes dans la dynamique institutionnelle.

Par dynamique institutionnelle, l'auteure entend « le passage progressif, en réponse à des conflits et des problèmes de gestion, d'un système simple et isolé, régulé par quelques normes, à un dispositif plus complexe structuré (…) par un ensemble hiérarchisé de règles »[96].

La prise en compte des normes est d'autant plus essentielle dans la pensée néo-institutionnaliste développée par Ostrom, que « les décisions et les actions des possesseurs (appropriateurs) des ressources communes (…) sont celles d'individus approximativement rationnels, qui se trouvent dans des situations complexes incertaines »[97].

Il est donc question de rationalité, mais d'une rationalité limitée ou procédurale, c'est-à-dire une rationalité dictée par « des processus d'apprentissage individuels ou collectifs, dans les processus d'élaboration et de choix des règles »[98].

C'est la raison pour laquelle, dans l'analyse des communs chez Ostrom, « il faut distinguer les situations où prévaut un régime de concurrence ouverte, où dominent les comportements égoïstes rationnels (…) et les situations de dilemme social, où il faut supposer que les participants ont des valeurs multiples et mettent en œuvre des stratégies qui vont depuis celles utilisées par les égoïstes rationnels, jusqu'à celles utilisées par les acteurs qui donnent une grande valeur à la confiance, la réciprocité et l'équité. Ce qui changerait radicalement la situation et conduirait à des comportements coopératifs »[99].

---

[96]Ostrom. E, Basurto. X, «Crafting analytical… », op. cit.
[97]Ibid.
[98]Ibid.
[99]Cf. Ostrom. E, «*Understanding institutional diversity*», Princeton University Press, 2005, pp. 186-210.

1.3. Biens communs et régimes de propriété

Partant de l'immense diversité institutionnelle qui caractérise la gestion de biens communs, Elinor Ostrom a centré l'essentiel de son œuvre, sur la dynamique des systèmes de règles dont elle propose un outil d'analyse systématique.

Elle a plaidé pour une économie qui rende justice à la diversité et à la richesse des sociétés, et qui soit le « fruit d'une succession d'apprentissage et de bricolage, en interaction avec des environnements eux-mêmes divers et changeants »[100].

Car un bien commun (et le commun de manière générale) ne peut être compris comme un système isolé. Il ne peut être saisi qu'inscrit dans des environnements plus larges faits de marchés, de techniques et de systèmes de connaissance qui, situés dans une dynamique combinatoire, en conditionnent le fonctionnement.

C'est en ce sens que la compréhension des communs renvoie à l'appréhension de ces systèmes complexes de ressources, qui sont utilisées par une communauté d'usagers indépendants.

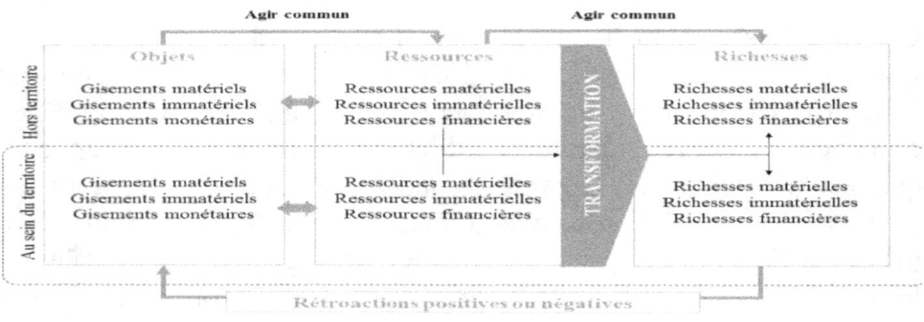

Figure 6 : Sous-système territorial transformateur de ressources et créateur de richesse[101]

---

[100]Chanteau. J. P et al., «Introduction à: Autour d'Ostrom, communs, droits de propriété et institutionnalisme méthodologique», *Revue de la Régulation*, n° 14, 2ème semestre, décembre 2013, p. 3.

[101]Buclet. N, Cerceau. J, «Interactions et rétroactions entre dimensions matérielle et immatérielle de systèmes communs de ressources spatialisées, une lecture par l'écologie territoriale», *Développement durable et territoires*, Vol. 10, n° 1, avril 2019.

Elle l'est d'autant plus que la notion de communs fait référence à des faisceaux de droits dont il faudrait préciser les contours.

C'est d'ailleurs autour de ces faisceaux de droits qu'Ostrom et l'école de Bloomington[102] ont tenté une réflexion sur la propriété.

1.3.1. Les communs : des systèmes de ressources complexes

Lorsque Ostrom et ses collègues de l'école de Bloomington, proposent le concept de commun (*Common Pool Resources*), c'est pour parler de ces ressources rares, tant au niveau local qu'aux niveaux national et international, dont l'utilisation est rivale, mais l'exclusion (par une éventuelle privatisation par exemple) est extrêmement difficile.

C'est pour souligner ici l'existence, autour des communs, de menaces de sur-utilisations, de destructions éventuelles ou de risques de privatisation par un quelconque processus d'enclosures.

Ces risques, qui pèsent sur les communs, sont d'autant plus envisageables, que ces derniers sont contenus dans une structure de gouvernance bien définie, et dans le cadre d'un régime de droits de propriété spécifique.

Car même si la notion de biens communs implique le partage de ressources (tangibles et/ou intangibles) communes, il faudrait noter qu'un tel partage est aussi source de conflits entre groupes et parties prenantes pour leur contrôle.

En d'autres termes, si l'idée de partage obéit à une logique d'interdépendance, cela n'exclut toutefois pas l'idée de tensions dans le régime des droits de propriété, ni celle entre intérêts individuels et intérêt collectif, que l'on pourrait généralement identifier dans toute situation d'action collective[103].

C'est probablement en cela qu'Ostrom et l'école de Bloomington, caractérisent les communs et les insèrent parmi les systèmes à haute teneur de complexité :

---

[102] Elinor Ostrom est le chef de file de l'école de Bloomington. Cf. pour une vue d'ensemble: Vlard. T, Lenk. J, «*Elinor Ostrom and the Bloomington School. Building a new approach to policy and the social sciences*», Agenda Publishing, n° 21, June 2021, 224 p.

[103] De telles tensions sont inhérentes à une telle situation, même si le commun a une visée éminemment collective et obéit à des représentations convergentes de ce qu'est un bien commun.

°- Le premier élément de complexité, relevé par Ostrom et qui fait assez souvent l'objet d'une confusion courante, est celui qui concerne la distinction entre le système de ressources et le flux d'unités de ressources.

Ostrom indique à ce propos, qu'il est « fréquent que les systèmes de ressources fassent l'objet d'une copropriété ou d'une propriété commune, tandis les unités de ressources prélevées sont privées »[104].

La ressource ici est un système qui dispose d'une dynamique entre des lois propres, mais elle se trouve le plus souvent, conditionnée par l'usage qu'on en fait.

Par conséquent, « le maintien d'un système commun de ressources ou son amélioration (quantité et qualité du flux) implique un contrôle collectif, tant sur les usages de la ressource que sur le fonctionnement du système producteur de la ressource »[105].

C'est pour dire que la distinction entre ressource-système et ressource-flux est essentielle pour appréhender la dynamique de la ressource d'une part, et son rapport aux activités privées de valorisation des flux d'unités de ressources produits par le système, d'autre part.

°- Le second élément de complexité concernerait « le couplage entre ressources biologiques et ressources informationnelles ».

Le commun biologique dont il est question à ce niveau, engloberait « les micro-organismes en tant qu'objets physiques (ressources), les produits de la science, de l'étude et du savoir, ainsi que les ressources humaines et sociales indispensables à la production de ce savoir »[106].

Les gênes par exemple, sont considérées de ce point de vue, comme un support d'information, plutôt que comme un composant

---

[104]Ostrom. E, Hess. C, «Ideas artifacts and facilities: information as a common-pool resource», *Law and Contemporary Problems*, n° 66, Winter/Spring, 1-2, 2003, pp. 111-146.

[105]Allaire. G, Labatut. J, Tesnière. G, «Complexité des communs et régimes de droits de propriété: le cas des ressources génétiques animales», *Revue d'économie politique*, Vol. 128, n° 1, 2018, p. 114.

[106]Cf. Bonneuil. C et al., «Innover autrement? La recherche face à l'avènement d'un nouveau régime de production et de régulation des savoirs et génétique végétale», In: Gasselin. P (Ss. Dir), «*Quelles variétés et semences pour des agricultures paysannes durables?*», Institut National de la Recherche Agronomique, n° 30, Paris, 2006, pp. 29-51.

biologique. C'est en ce sens que le « bien microbiologique est considéré comme un bien commun mondial »[107].

°- Le troisième élément mis en évidence par Ostrom et ses collègues, se rapporte à l'imbrication forte du système des ressources. C'est, soulignons-le, une imbrication qu'Ostrom a relevée concrètement sur le terrain, à partir d'une série d'études de cas concrets.

Des multiples régimes observés, elle a mis en place une série de principes pour caractériser le fonctionnement desdits régimes :

« +Certains concernent la consistance de la ressource commune (délimitation claire et reconnue du système de ressources et du groupe d'utilisateurs),

+D'autres, ceux du système de règles (l'existence d'un mécanisme de résolution des conflits et d'un système graduel de sanctions, mais aussi le caractère inclusif de la répartition des droits),

+Les derniers concernent l'intégration dans les systèmes englobant notamment l'idée qu'un système commun de ressources n'est pas isolé, mais étroitement relié à un système socio-écologique plus large. Son gouvernement est donc organisé en de multiples couches imbriquées »[108].

Ce système est, par ailleurs, « dépendant des systèmes socio-écologiques, dans lesquels s'insèrent les activités de valorisation de la ressource et de ses flux »[109].

°- Le quatrième élément qui a retenu l'attention d'Ostrom, consiste en la tendance à réduire un commun à un seul type de service, alors qu'en réalité, plusieurs utilisateurs, hétérogènes de surcroît, peuvent en tirer des bénéfices multiples et variés.

En effet, « la gestion d'une ressource commune ne se limite pas à éviter sa dégradation, mais a également pour objectif son amélioration (productivité de la ressource en tant que système, qualité de ressources délivrées par le système) ou éventuellement, à modifier la nature des ressources délivrées par altération du système initial »[110].

---

[107]Cf. Cf. Ostrom. E, Hess. C, «Cadre d'analyse du bien commun microbiologique», *Revue internationale des sciences sociales*, n° 188, février 2006, pp. 357-372.
[108]Allaire. G, Labatut. J, Tesnière. G, «*Complexité des communs…* », op. cit, p. 115.
[109]Ibid.
[110]Ibid.

Plusieurs usages peuvent entrer ici en conflit. Il peut arriver qu'un commun soit menacé par une utilisation excessive de la ressource s'y rapportant, comme il peut faire l'objet d'un abandon systématique de certains usages, suite à une éventuelle restructuration desdits usages.

Ainsi, l'arrivée des nouvelles technologies serait de nature à modifier les conditions d'utilisation, tout autant que celles ayant trait à la valorisation de la ressource. Elles impacteraient inévitablement le fonctionnement de cette dernière.

A partir de ces différents éléments caractéristiques de la complexité des biens communs, Ostrom définit le cadre d'analyse des faisceaux de droits permettant de « caractériser les différents types d'actions autorisées ou non, pour différents types d'opérations dans une situation d'action ».

Elle définit les droits comme étant le produit des règles, et ces dernières comme étant des prescriptions qui créent et légitiment ces droits.

Elle distingue par conséquent, les règles et les droits de « niveau opérationnel », c'est-à-dire les droits d'accès et d'utilisation, et les droits au niveau des choix collectifs, qui sont de nature à « modifier les droits de niveau opérationnel et qui peuvent être détenus ou non par les mêmes acteurs »[111].

Dans le cas des communs immatériels[112], un nouveau type de droits a été ajouté à ce cadre d'analyse : le droit de contribuer à la production de la ressource « intellectuelle », celle à caractère « naturel » obéissant à un autre registre.

Le régime de droits de propriété proposé par Ostrom, définit donc les positions qui peuvent être occupées selon les cas, « par des individus ou des collectifs, des compagnies privées, des gouvernements, des associations, des communautés agricoles ou de métiers, etc. ».

Il y a lieu ici d'aller au-delà de la confusion entre la propriété commune et le libre accès non régulé, tout autant d'ailleurs qu'au-delà de la perception en vogue dans la littérature économique, selon

---

[111]Les droits de choix collectifs sont des droits de gestion (qui impliquent le droit de modification de la ressource pour l'améliorer), d'exclusion et d'aliénation de la ressource en tant que système.

[112]Cf. chapitre second.

laquelle la propriété privée est définie comme étant équivalente au droit d'aliénation.

Car une telle confusion fait que tout système de propriété ne renfermant pas ce droit, est considéré sinon comme mal défini, du moins comme générateur d'inefficience.

Or, l'un des grands intérêts des travaux d'Ostrom est de montrer que « l'absence de droit d'aliénation ne signifie pas forcément une mauvaise définition du régime de propriété, et ne conduit pas forcément à de l'inefficience.

Pour comprendre cela, il est beaucoup plus juste et utile de concevoir la propriété comme un ensemble de faisceaux de droits de propriété, permettant eux-mêmes de définir plusieurs types de détenteurs de droits de propriété[113].

1.3.2. Communs et problématique de la propriété commune

La problématique de la propriété des communs n'a suscité que peu d'intérêts chez les économistes. On est allé jusqu'à considérer la thèse de la « tragédie des communs » de Garett Hardin comme ayant réglé la question de la supériorité de la propriété privée de manière définitive.

Or, l'attribution du prix Nobel d'économie en 2009, à Elinor Ostrom, comme récompense à sa pensée sur la gouvernance des communs, a traduit le grand regain d'intérêt que suscite ce thème, tout autant que les enjeux profonds dont il est à l'origine.

En effet, l'apport d'Ostrom consiste en sa mise en exergue, théorique et empirique, de « l'existence, dans nos économies contemporaines, de régimes spécifiques de propriété commune à la base d'organisations auto-gouvernées ne relevant ni du marché, ni de l'Etat, et que ces régimes, loin de conduire à des situations d'inefficience, pourraient s'avérer plus performants que la propriété privée et le marché »[114].

Ostrom a donc pris à contrepied la thèse de la « tragédie des communs », qui a longtemps mis au-devant la supériorité de la

---

[113] Orsi. F, «La propriété comme faisceaux de droits: quels enjeux pour les communs?», In Université Paris 13 et al., «Propriété et communs: les nouveaux enjeux de l'accès et de l'innovation partagée», *Séminaire international*, Paris, 25-26 avril 2013, p. 6.

[114] Orsi. F, «La propriété comme faisceaux de droits … », op. cit, p. 3.

propriété privée et l'archaïsme des formes collectives de gestion des ressources naturelles.

Elle a montré que cette thèse « repose sur une confusion entre la propriété commune et des régimes de libres accès, dans lesquels aucun droit n'est défini et où personne ne détient le droit d'exclure quiconque de l'utilisation d'une ressource »[115].

Cette confusion provient du fait qu'Hardin utilise le terme de propriété commune pour désigner une situation de total libre accès, difficilement tenable ou gérable de son point de vue.

Il a prôné nettement la propriété privée, affirmant que l'inexistence de droits de propriété ne peut conduire qu'à des situations d'inefficience.

Il s'est basé sur le cas du surpâturage des pré-communs au 18ème siècle, « accessibles pour tous et faisant face à une forte croissance démographique »[116].

Or, nombreux sont les auteurs qui ont montré plus tard, que ces terres communes n'étaient pas en libre accès, mais reposaient sur un « système complexe de droits collectifs de propriété ».

Ces droits étaient d'autant plus importants qu'ils sous-tendaient une véritable organisation sociale de la paysannerie anglaise et en assuraient son « indépendance », et ce même si ces droits relevaient essentiellement de pratiques coutumières plurielles.

Mais cette propriété n'était pas attachée à une « chose ». Elle était attachée à des produits, à des utilités et donc à des usages. C'est la raison pour laquelle le basculement opéré à ce niveau, procédait d'un vaste processus de privatisation et d'un véritable changement de la conception de la propriété elle-même : «il s'agit du moment important de bascule vers la conception moderne de propriété (exclusive) privée et indivisible. Les droits d'usage sont absolus et relégués au statut de

---

[115]Ibid.

[116]Le grand mouvement des enclosures qu'a connu l'Europe au 18ème siècle, a été justifié par le «souci» de mettre fin à la tragédie des terres communes, à la pauvreté des paysans, et par la «nécessité» de faire émerger une agriculture moderne. Les enclosures se justifiaient donc, dit-on, par l'intérêt national. Cf. Neeson. J. M, «*Commoners: common right, enclosure and social change in England, 1700-1820*», Cambridge University Press, New York-Cambridge, 1993, 382 p.

faveur. Le propriétaire unique sur une même chose est consacré, en même temps que le droit d'aliénation est instauré»[117].

Les enclosures conduiraient donc « naturellement » aux privatisations et par conséquent, à la destruction des rapports coutumiers qui prévalaient autour de la propriété commune et de l'accès partagé. Certains auteurs vont jusqu'à affirmer qu'il n'y a pas de tragédie des communs[118].

Or, l'un des grands mérites d'Elinor Ostrom et de l'école de Bloomington, est celui d'avoir mis à nu ces confusions, dont fondamentalement l'idée que la propriété privée peut être définie comme étant équivalente au droit d'aliénation, et que tout système de propriété ne contenant pas ce droit, est perçu comme mal défini ou pouvant générer de l'inefficience.

C'est dans cet esprit qu'Ostrom conçoit la propriété comme un ensemble de faisceaux de droits de propriété, permettant eux-mêmes de définir plusieurs types de détenteurs de droits de propriété.

Pour ce faire, elle conçoit des systèmes de ressources naturelles (pools communs de ressources ou *Common Pool Resources*), qui sont composés de sous-systèmes (lacs, rivières, pêcheries, systèmes d'irrigation, etc.) qui produisent des unités de ressources (poissons, arbres, eau, etc.).

---

[117]Ibid.

[118]De Moor. T, «Avoiding tragedies: a Flemish common and its commoners under the pressure of social and economic change during the eighteenth century», *The Economic History Review*, n° 62, 2009, pp. 1-22.

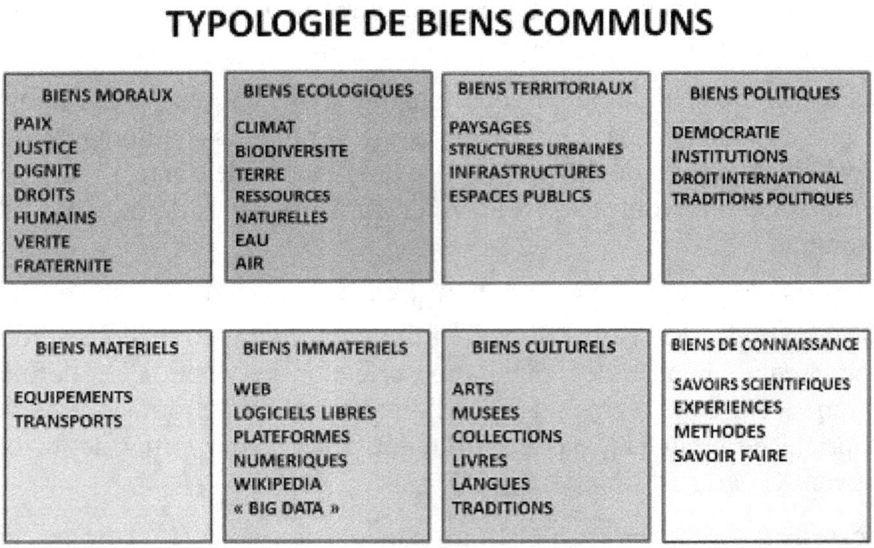

Figure 7 : Typologie des biens communs[119]

Et parce qu'il s'agit d'un dispositif de ressources communes, il s'avère difficile, voire impossible, d'en empêcher l'usage ou d'en exclure les non bénéficiaires.

Ceci est d'autant plus vrai que ces ressources partagent, tout à la fois, et les attributs des biens privés et ceux des biens publics : « il n'y a aucune association automatique ou naturelle entre un pool commun de ressources et un régime de propriété commune. Le régime de propriété associé à un CPR, peut être public, privé, relevant d'une communauté d'utilisateurs ou être utilisé en total libre accès »[120].

La question centrale d'Ostrom est « celle de savoir quel régime de propriété, régi par un ensemble complexe de règles, se présente comme le plus approprié pour assurer la consommation de la ressource, tout en garantissant la préservation et le développement durable de la ressource concernée »[121].

---

[119]Fellmann. T, «Qui se préoccupe des biens communs?», *Conférence*, Carnoux, 23 mai 2019.

[120]Ostrom. E, «Private and common property rights», *Encyclopedia of Law and Economics*, Vol. 2, Edward Elgar Publishing, 2000, p. 338.

[121]Orsi. F, «Elinor Ostrom et les faisceaux de droits: l'ouverture d'un nouvel espace pour penser la propriété commune», *Revue de la Régulation*, n° 14, 2ème trimestre, Automne 2013, p. 14.

Elle retient pour cela, une définition de la propriété décomposée en cinq droits, en rapport avec les CPR : le droit d'accès, le droit de prélèvement, le management, l'exclusion et l'aliénation[122].

Ces droits sont répartis entre les deux niveaux hiérarchiques précédemment évoqués :

« °- Un niveau inférieur qualifié d'opérationnel (…) où se situent les droits d'accès au CPR et le droit de prélèvement des unités de la ressource (des poissons dans une pêcherie, du bois dans une forêt, etc.),

°- Un niveau supérieur dit de choix collectif (…) où se définissent les règles qui sont appliquées au niveau opérationnel. A ce niveau, se situent trois types de droits : le management (droit de gestion), l'exclusion et l'aliénation»[123].

Ces trois derniers droits sont définis par Ostrom comme suit :

«+ Le droit de gestion est le droit de réguler les conditions d'utilisation de la ressource, ainsi que les changements nécessaires à son amélioration. Il s'agit ici plus spécifiquement du droit à déterminer les règles de prélèvement de la ressource,

+ Le droit d'exclure concerne le droit de déterminer qui va bénéficier du droit d'accès, et comment ce droit lui-même à l'accès peut (ou non) être transféré,

+ Enfin, le droit d'aliéner est défini comme étant le droit de vendre ou de céder entièrement ou partiellement l'un ou les deux droits d'exclure et de gestion»[124].

Sur la base de cette décomposition en cinq faisceaux de droits indépendants, quatre types de détenteurs de droits de propriété sont caractérisés [125]:

«°- La catégorie des utilisateurs autorisés, qui sont situés au niveau opérationnel et dont les prérogatives se limitent à la détention des droits d'usage et de prélèvement,

[122]Ibid.
[123]Ibid.
[124]Ibid.
[125]Ces types peuvent s'appliquer à un individu comme à une communauté.

°- La catégorie de droits d'usage et de gestion, qui ont les mêmes droits que la première catégorie, mais qui détiennent aussi un droit de niveau supérieur, le droit de gestion,

°- La catégorie des propriétaires sans droit d'aliéner, mais qui ont un droit d'exclure,

°- La catégorie des propriétaires qui est la seule à détenir l'ensemble des faisceaux de droits »[126].

C'est une classification qui rend compte de la complexité du monde des droits de propriété, mais qui renvoie par ailleurs, à la classification classique entre propriété publique, propriété privée et propriété commune.

Par conséquent, et au-delà d'une telle hypothèse, ce qui importe pour Ostrom, dans l'identification d'un régime de propriété, « c'est la possession ou non des droits d'exclusion et de management »[127]. Car un régime de propriété peut se composer de droits clairement définis, sans que cela implique que ces derniers intègrent le droit d'aliéner.

Deux types de régimes de propriété sont, en somme, identifiés :

°- Les régimes de type *proprietorship*, lorsque les propriétaires détiennent l'ensemble des droits, à l'exception du droit d'aliénation,

°- Et ceux de type *ownership*, dans le cas contraire. Et Ostrom de parler, suite à cela, de propriété commune dans les termes suivants : « un groupe d'individus est considéré comme partageant des droits de propriété commune, lorsque ces individus ont au moins formé des droits exclusifs de gestion et d'exclusion, en relation avec un système de ressources défini et des unités de ressources produites par ce système »[128].

Par conséquent, on parle de régime de propriété commune lorsque celui-ci est « soit de type communal *proprietorship*, c'est-à-dire lorsque les droits de gestion et d'exclusion relèvent de choix collectifs, soit de type communal *ownership*, lorsque le droit d'aliénation participe lui aussi avec les droits de gestion et d'exclusion, du niveau de choix collectifs »[129].

[126]Ibid.
[127]Ibid.
[128]Ostrom. E, «Private and common...», op. cit, p. 342.
[129]Ibid.

1.3.3. Bien commun mondial et propriété

Si les biens publics mondiaux (les communs mondiaux diraient d'aucuns) sont une problématique classique en théorie économique, il faudrait noter que la mondialisation, tout autant que l'émergence de problématiques nouvelles, ont fait apparaître une nouvelle thématique autour de ces biens.

Cette dernière procède de la tentative de certains économistes d'élargir la notion de bien public, pour prendre en charge des phénomènes plus ou moins nouveaux tels l'environnement, la stabilité ou encore la redistribution des richesses mondiales.

En effet, « la mondialisation impose de comprendre et d'organiser la fourniture des biens publics mondiaux, de façon à ce qu'ils puissent bénéficier à toutes les composantes du public mondial »[130]. Car « la gestion de la mondialisation dépend, dans une large mesure, de la fourniture de ces biens publics mondiaux »[131].

Il est vrai que certains biens sont mondiaux par nature, comme la couche d'ozone par exemple, mais d'autres sont ou peuvent être mondialisés, comme c'est le cas de la santé.

C'est la raison pour laquelle, l'on considère généralement que les biens publics mondiaux ont la caractéristique de bénéficier à plus d'un groupe de pays et à plus d'une structure de la population de ces pays, puis parce qu'ils « ne discriminent pas entre les groupes de population ou ensembles de générations, présents ou futurs »[132].

Au-delà de l'étendue et du champ couvert, les biens publics mondiaux se rangent généralement autour de trois catégories :

°- Les biens publics mondiaux naturels (couche d'ozone, stabilité climatique, etc.),

°- Les biens publics mondiaux fabriqués par l'homme, telles les connaissances et les pratiques (cf. chapitre second),

°- Et les biens publics mondiaux résultant de politiques globales, telles la paix, la santé ou encore la stabilité financière.

---

[130]Cf. Kaul. I et al., «*Fournir des biens publics mondiaux. Gérer la mondialisation*», PNUD-Oxford University Press, New York, 2003, p. 2.

[131] Ibid.

[132]Kaul. I (Ss. Dir), «*Global public goods... »,* op. cit, p. 16.

Cependant, ces biens publics mondiaux restent, hormis les interférences qu'ils induisent, ancrés dans la problématique des conditions d'efficience dans leur production, tout comme dans leur préservation.

Ils restent par ailleurs, fort inscrits dans une logique d'équité, en ce sens que les pays riches par exemple, doivent veiller à leur production et préservation, mais garantir aussi les transferts aux pays pauvres pour les inciter eux aussi, à contribuer à leur production et préservation (cas de la forêt amazonienne par exemple).

Il s'ensuit que l'efficacité relative des différents régimes de propriété de ces biens « dépend étroitement de la répartition des ressources entre agents, en particulier de l'inégalité des droits. Il n'est alors plus possible d'affirmer la supériorité d'un régime sur l'autre en termes d'efficience. Il devient par contre, indispensable d'ouvrir la question des changements dans la répartition des droits, à la suite de la mise en œuvre d'un nouveau régime.

Plus généralement, il devient indispensable de prendre en compte les critères d'équité, en plus de celui d'efficience dans l'analyse des régimes de propriété »[133].

Une telle prise en compte s'impose encore davantage qu'au cours des dernières décennies, un vaste mouvement de contestation s'élève pour dénoncer que des intérêts privés, adossés à quelques entreprises transnationales, tendent de plus en plus, à prendre le contrôle global de pans entiers de ressources jugées vitales pour l'humanité.

En effet, « qu'il s'agisse de l'eau, de la biodiversité ou encore des semences, le raisonnement suivi est que de tels biens communs appartiennent par définition à tous, et ne doivent donc être en aucun cas, accaparés par tel ou tel pouvoir »[134].

Autrement dit, l'appropriation privative de ces biens communs est d'autant plus pernicieuse qu'elle s'effectue au détriment des besoins vitaux de l'humanité.

---

[133]Cf. pour plus de développements: Barzel. Y, «*Economic analysis of property rights*», Cambridge University Press, 1997, 176 p.

[134]Brédif. H, Christin. D, «La construction du commun dans la prise en charge des problèmes environnementaux: menace ou opportunités pour la démocratie?», *Vertigo, La Revue électronique en sciences de l'environnement*, Vol. 9, n° 1, mai 2009.

Il est donc « grand temps que tout le monde se rappelle que, au plan national, nous profitons de biens publics tels que les flux de circulation, la santé publique, les bibliothèques et les systèmes judiciaires. D'où la nécessité pressante de poser la question de savoir quels biens publics mondiaux, nous devons produire en commun, en cette période d'ouverture des frontières et d'interpénétration croissante des domaines publics nationaux, et d'ouvrir un débat pleinement participatif sur la manière de répondre à cette question »[135].

Au niveau local, et dans le sillage d'Ostrom, les sociétés locales ont développé des modes d'auto-régulation leur permettant de gérer un ensemble de ressources humaines, tout autant que leur renouvellement et préservation.

Le succès de telles pratiques tient pour l'essentiel, à la capacité de ces sociétés à se doter d'un corpus de règles.

Il s'agit de règles pratiques qui peuvent être édictées, appliquées et respectées par ces sociétés. Elles sont aussi adaptables aux changements de contexte.

Elargie à une échelle mondiale, ces ressources n'induisent pas en elles-mêmes, leur capacité de renouvellement et d'adaptation. C'est plutôt le fait de les produire en commun qui leur confère une telle spécificité.

Par conséquent, le bien commun mondial « n'est (…) pas le résultat produit par l'action collective, en vue d'accroître le bien-être collectif, c'est le bien partagé lors de cette action collective et concomitant à cette action collective (…) Un bien qui ne nécessiterait pas d'être produit, parce qu'il est librement disponible, ne serait pas un bien commun. Il rentrerait dans la catégorie des biens publics naturels »[136].

Dans le même temps, le bien commun mondial, comme tout bien commun, se distingue par une externalité qui pourrait être tantôt négative, tantôt positive.

---

[135] Cf. Deneulin. S, Townsend. N, «Public goods, global public goods and the common good», *International Journal of Social Economics*, n° 34, January-February 2007, pp. 19-36.

[136] Ballet. J, «Propriété, biens publics mondiaux, bien(s) commun (s) … », op. cit, p. 15.

Il suppose « qu'il n'y ait pas séparabilité entre production de l'effet et bénéfice ou désagrément causé par l'effet »[137].

Mais, au-delà d'une telle perception du bien commun, force est d'observer que la question du régime de propriété s'impose aussi au niveau international.

Ce positionnement peut être relevé de la crise écologique que la « communauté internationale » peine à contrecarrer. Car il s'agit d'un phénomène dont les dimensions procèdent des champs d'appropriation, tant privés que publics, mais aussi entre ces deux champs, et dont il faudrait définir les règles et les normes.

Autrement dit, les éléments qui posent problème dans la crise environnementale par exemple, sont souvent des dimensions « qui se jouent dans, au-delà et au travers des propriétés publiques et privées. Ces dimensions (ou qualités) doivent être pensées et prises en charge, parce qu'elles sont intrinsèquement transfrontières, c'est-à-dire de dimensions transappropriatives »[138].

L'eau constitue un exemple emblématique de cette réalité transappropriative, « dès lors qu'elle circule entre différentes propriétés. Son état général résulte en les intégrant des influences exercées par chaque propriétaire, volontairement ou à son insu, directement ou indirectement, sur le fluide »[139].

Il s'ensuit un mode de gestion en commun, qui est distinct de l'action individuelle, tout autant que de l'action collective, dans la mesure où il s'applique à des dimensions transappropriatives.

C'est ainsi « l'absence ou la présence dégradée de ce mode de gestion non productif, qui s'avère en définitive, source de déstabilisation des appropriations privées et publiques, puisqu'il n'est pas possible de trouver au sein de ces dernières, une réponse adaptée à la détermination des qualités transappropriatives en jeu »[140].

---

[137]Ibid.
[138]Ollagnon. H, «Stratégie pour une gestion patrimoniale de la biodiversité», *Bulletin de l'Institut Royal des Sciences Naturelles de Belgique*, *Biologie*, n° 73, 2003.
[139]Brédif. H, Christin. D, «La construction du commun… », op. cit.
[140]Ibid.

La préservation et le maintien des « qualités environnementales » n'est ainsi possible que si ces qualités sont prises en charge, et pas uniquement appréhendées par une quelconque régulation des usages.

Chacun devrait en fait, se comporter en tant que co-auteur de cette prise en charge du niveau local au niveau global.

Autrement, « il ne s'agit pas ici seulement de décider ensemble des règles de gestion, mais aussi de faciliter simultanément l'action de chacun, et l'expression et la prise en charge d'un dessein commun dans un contrat multi-échelles »[141].

---

[141]Ibid.

Chapitre Second

Biens communs numériques et logique de partage

Dans les approches de l'économie traditionnelle, les communs sont des ressources naturelles (forêts, pêcheries, réseaux d'irrigation, etc.). Ils prennent appui sur des structures sociales et sont entretenus collectivement.

La problématique prenant ces approches pour point de départ, n'a cessé d'évoluer. Elle s'est étendue à des biens de plus grande taille et s'est élargie à des champs géographiques plus vastes (local, puis national, puis mondial).

Ladite problématique s'est d'autant plus élargie qu'on y a, au fil du temps, intégré les domaines de la connaissance et des ressources immatérielles.

Mais un tel redéploiement des éléments de la problématique n'a pas grandement affecté sa substance, car au-delà de la ressource considérée et du spectre d'action choisi, les biens communs sont avant tout, une forme d'organisation sociale, des arrangements institutionnels, une construction collective et une logique de partage.

En effet, l'extension de la notion des communs du local au national et au mondial, puis à la sphère de l'intangible, a pratiquement suivi le parcours tracé par Elinor Ostrom. Cette dernière a, dès les années 1960 déjà, mis en place une monographie détaillée, pour y identifier les arrangements institutionnels mis en place par la communauté d'usagers, afin d'assurer la maintenance des outils collectifs, essentiels pour son activité et sa survie.

Mais la réflexion d'Ostrom ne s'est pas limitée à ces ressources naturelles, auxquelles elle a consacré l'essentiel de son œuvre. Avec le développement d'Internet et des technologies de l'information et de la communication, elle a coordonné un ouvrage fondateur en la matière. Elle y a synthétisé les principales idées portées par les tenants du numérique, dans le cadre de ses travaux sur les communs[142].

---

[142]Ostrom. E, Hess. C, «*Understanding knowledge as a common: from theory to practice*», The MIT Press, 2007, 382 p.

La consistance et le périmètre d'explication de la notion n'a donc pas subi de grandes déstabilisations. Car qu'il s'agisse des ressources tangibles ou intangibles, les communs désignent « l'activité des communautés qui s'organisent et se régulent, pour protéger et faire fructifier des ressources matérielles ou immatérielles, en marge des régimes de propriété publique ou privée »[143].

En générant et partageant des ressources en dehors des régimes classiques de propriété, les communs privilégient, par-là, la valeur d'usage des ressources plutôt que leur valeur d'échange.

Les communs centrés sur la connaissance, n'échappent nullement à cette optique. Ils en sont partie intégrante, non seulement parce qu'ils portent un intérêt particulier à la culture du partage, mais aussi parce qu'ils font du numérique en général, et de l'Internet en particulier, un outil privilégié pour l'émergence de communautés distribuées, portées par la création et le partage des savoirs.

---

[143]Briand. M, «Biens communs et numérique. Les propositions du Conseil National du Numérique», *Institut Mines-Télécom*, Paris, 19 juin 2015.

2.1. Les communs numériques comme des communs de la connaissance

Les expressions *information commons* et *knowledge commons*, qui se sont réduites au cours des années 1990, à l'expression *commons*, se sont initialement développées aux Etats-Unis pour désigner les informations et les savoirs situés « en dehors et dans une approche différente de la propriété intellectuelle »[144].

C'est que le numérique, par les possibilités d'accès aux informations qu'il permet, à son pouvoir de calcul et de diffusion, et aux formes de travail collaboratives qu'il induit, oblige à revoir la question des savoirs selon trois grands angles :

°- Dans leur nature, du fait que les savoirs se transforment, sous l'effet du numérique, en flux plutôt que de demeurer de simples stocks « matériels »,

°- Dans leur limite et porosité, puisqu'à côté des savoirs savants versus des savoirs amateurs, l'on a affaire aussi à des savoirs composites, hybrides, informels ou transdisciplinaires,

°- Et dans les droits d'usage et de propriété qui sont associés à la donne numérique.

Mais les communs numériques sont aussi le fruit de travail des communautés impliquées dans la gestion de cette ressource. Ils interpellent de ce fait, la diversité des règles que ces communautés mettent en place pour garantir l'accès, tout autant que l'usage de ladite ressource.

2.1.1. Approches des communs numériques

L'histoire des communs a été longuement retracée par Elinor Ostrom et l'école de Bloomington pour qu'on s'y arrête longuement ici[145].

Cependant, dans le sillage de cette tradition, l'on pourrait distinguer trois grandes approches ancrées, chacune à sa manière, au champ disciplinaire en question [146]:

---

[144]Cf. Lessig. L, «*L'avenir des idées: le sort des biens communs à l'heure des réseaux numériques*», Presses Universitaires de Lyon, 2005, 414 p.

[145]Il s'agit de l'étude des conditions de la régulation collective d'action collective, d'une ressource commune physique à l'origine, et virtuelle de nos jours.

+ La première approche conçoit les biens numériques à partir de la notion de la « chose publique ». Cette approche revendique la gestion collective des biens communs comme une alternative à l'Etat et au marché.

Autrement dit, « les actions collectives en ligne autogérées, réussissent hors l'Etat et le Marché, donc les actions collectives en ligne sont des communs, créant un cadre nouveau porté par les communs, l'Etat et le Marché étant tous deux profondément engagés dans une vision partagée du progrès technique et de la compétition économique »[147].

Ce glissement sémantique et d'angles de vue, en faveur des communs en général, et des communs numériques en particulier, semble être dicté par l'échec des institutions Etat et Marché à sauvegarder, encore moins à préserver, les ressources collectives dont elles avaient, ou ont toujours la charge (eau, climat, air, éducation, santé, savoir, etc.).

Un tel reproche est d'autant plus marqué que les deux institutions, quoi que portées par la gestion des biens collectifs, n'ont pas réussi à en faire l'objet d'une organisation fiable, encore moins d'une gestion collective organisée.

+ La seconde approche relève pour l'essentiel, de la sphère privée et conçoit les communs numériques par recours à la notion de droits de propriété.

En effet, en mettant l'accent sur la propriété collective, cette approche ne se satisfait nullement des systèmes de copropriété actuels. Car en renouant avec la thèse d'Ostrom, elle rappelle que « le droit de propriété intellectuelle est un des fondements de l'arrangement institutionnel qui a permis l'émergence des projets de production collective de connaissance en ligne »[148].

---

[146]Les éléments contenus dans ce paragraphe s'inspirent largement de la typologie développée in: Julien. N et al., «Sur les conditions d'existence d'un commun numérique de connaissance», In: Roudaut. K, Julien. N, «Commun numérique de connaissance: définition et conditions d'existence», *Revue d'économie et de management de l'innovation,* De Boeck Supérieur, n° 63, mars 2020, 38 p.

[147]Ibid.

[148]Ibid.

La propriété intellectuelle est perçue ici comme l'un des outils institutionnels dont la fonction est d'encadrer la gestion collective, car l'accès ouvert ne permet pas, à lui seul, de définir un commun.

- La troisième approche est celle qui se focalise sur la construction du commun, et ce au-delà de la notion de propriété elle-même. Car un commun n'existe, pour cette approche, « qu'à trois conditions : une ressource partagée, des droits et obligations sur cette ressource, attribués à des *commoners*, une structure de gouvernance qui permet d'assurer la reproduction à long terme de la ressource et de la collectivité qui la gouverne. Ce qui, bien sûr, suppose une communauté d'acteurs attachés à faire prospérer et à défendre le commun contre la menace, toujours présente, d'enclosures »[149].

Ce sont donc les arrangements institutionnels qui permettent de construire un commun et qui rendent « possible ou non, l'édification de faisceaux de droits (et de devoirs) pour les participants dans l'exploitation de la ressource »[150].

Ces trois grandes approches, outre le fait qu'elles puisent ensemble de la conception d'Ostrom, s'intéressent davantage à la définition de la ressource, à son exploitation collective et aux conditions de sa reproduction.

Parallèlement à ces approches, deux disciplines complémentaires ont tenté, chacune à sa manière, d'expliquer les spécificités de la notion de communs numériques : la théorie de l'information et la théorie économique.

Pour la théorie de l'information, les communs numériques sont des communs immatériels, et de ce fait, leur coût de reproduction et de diffusion tend généralement vers zéro, ce qui facilite largement leur diffusion et leur partage.

Du point de vue de la théorie économique, les biens numériques possèdent deux caractéristiques qui leur confèrent le caractère de communs :

°- Le caractère non exclusif, car leur partage à grande échelle rend difficiles les tentatives d'en limiter l'accès,

---

[149]Cf. Coriat. B, «Le retour des communs. Sources et origines d'un programme de recherche», *Revue de la Régulation*, n° 14, 2ème semestre, Automne 2013.
[150]Ibid.

°- Puis leur caractère non rival, « dans la mesure où la consommation d'une ressource numérique par l'un n'empêche pas sa consommation par l'autre »[151].

Le bien numérique se définit donc par une série de règles qui en font un commun au sens d'Ostrom :

+ La liberté d'usage du bien,

+ La mise à disposition sous licence libre du code source et des données produites par les usagers,

+ La possibilité de mobiliser et d'échanger avec la communauté, au sein de laquelle il n'existe pas de différence de statut, mais des degrés de contribution, etc.[152].

De ces objets qui réunissent ces conditions, l'on pourrait distinguer les communs numériques « minimaux », qui peuvent fonctionner sans contribution active de la communauté des usagers, et les communs « contributifs » qui nécessitent au contraire, un investissement total de ladite communauté.

C'est la raison pour laquelle, les communs numériques relèvent aussi bien des services (logiciels libres, systèmes d'exploitation type GNS/Linux), que de bases de données (Wikidata), que de portails collaboratifs (Wikipédia)[153].

Les ressources collaboratives procèdent justement de cette logique. Car il s'agit d'œuvres qui reposent « sur la contribution libre des utilisateurs, en échange de quoi ceux-ci se voient garantir un accès gratuit illimité et la possibilité de diffuser librement les contenus. Ces espaces de la toile se construisent par adjonction d'efforts complémentaires et successifs, dès lors que les titulaires de droits autorisent l'intervention des internautes pour modifier, enrichir et développer un site ou une plateforme dite commune. Il y a, dans ce

---

[151] Même si la science économique définit un bien commun comme étant non exclusif, mais rival (la consommation par l'un diminue le stock consommable), une telle distinction n'est pas opérationnelle, ni opératoire non plus, du point de vue de la gouvernance et de la gestion collectives de ces biens. Cf. Parance. B, Saint-Victor. J, «*Repenser les biens communs*», CNRS éditions, Paris, 2014, 320 p.

[152] France Diplomatie, «Des barbelés sur la prairie internet: contre les nouvelles enclosures, les communs numériques comme leviers de souveraineté», *Ministère de l'Europe et des Affaires étrangères*, Paris, 31 juillet 2020.

[153] Ibid.

cas, une propriété ouverte dont le contenu se densifie par l'usage commun, mais seul le créateur de la licence en détient véritablement des droits »[154].

C'est dans ce sens que les biens communs numériques sont des bassins de ressources communes, qui sont susceptibles de faire l'objet d'une gestion collective pour leur usage et leur partage.

Car ce qui constitue la spécificité des communs numériques, c'est d'abord la construction du bien et son caractère cumulatif, puis la régulation de l'accès qui se fait généralement à postériori.

Autrement dit, pour les projets collaboratifs par exemple, le numérique facilite largement leur initiation et le démarrage par conséquent, de l'action collective autour d'eux : « les plus intéressés démarrent et, avec la croissance du projet, celui-ci gagne en intérêt pour de nouveaux contributeurs, générant ainsi un effet de rendement croissant d'adoption »[155].

Ainsi, la création d'espaces d'échanges spécialisés sur le réseau Internet, favorise la constitution de communautés. Lorsque le projet gagne en taille et en visibilité, les niveaux de négociation des droits et des règles définis pour ce commun, s'en trouvent incontestablement impactés s'agissant des trois niveaux concernés : « les règles opérationnelles sur la décision d'acceptation d'une contribution, le niveau des choix collectifs où sont discutées les règles d'acceptation au niveau opérationnel et le niveau constitutionnel, où est défini qui pourra participer aux discussions collectives »[156].

En même temps, et dans le sillage de la pensée d'Ostrom et de l'école de Bloomington, la production de la connaissance, codifiée via le numérique, facilite largement la segmentation du projet général en sous-projets, qui forment par-là autant de sous-communs (différents portails, différents fichiers logiciels, différents forums de discussion, différents articles, etc.).

Par ailleurs, le développement des contrôles automatiques permet plus d'économies d'échelle que dans les communs physiques. Mais ces niveaux de contrôle ne devraient pas, pour autant, être dissuasifs,

---

[154]Chardeaux. M-A, «Le droit d'auteur et internet: entre rupture et continuité», *Commerce électronique*, n° 5, 2011, p. 10.

[155]France Diplomatie, «Des barbelés sur la prairie internet… », op. cit.

[156]Ibid.

sinon ils finiraient par scléroser le projet, diminuer les espaces de négociation et réduire le seuil d'innovation et de régénération de la connaissance.

C'est la raison pour laquelle, « la frontière entre la communauté (un groupe fermé, mais en interaction avec l'extérieur), et le reste du monde, doit être poreuse, sinon elle disparaît à plus ou moins long terme »[157].

2.1.2. De la transposition de la notion de « biens communs » dans un environnement numérique

Dans les communs numériques, la ressource serait l'information, le savoir et la connaissance. L'émergence d'un problème d'action collective dans la gestion de cette ressource, passe par l'examen de « si exclure des bénéficiaires requiert des coûts élevés ou seulement de faibles coûts. Si l'exclusion est coûteuse, les bénéficiaires potentiels sont confrontés à un problème d'action collective. (Ensuite), il faut déterminer si la consommation est rivale (soustractive) ou non. Les bénéficiaires potentiels dont la consommation est soustractive, sont confrontés à un problème d'action collective de type commun »[158].

L'analyse d'un commun quelconque doit, de ce fait, porter sur les manières dont les participants règlent la gestion d'une ressource partagée. Car « une sur-exploitation la détruirait, ou au moins la rendrait sujette à des dégradations, de la pollution, des inégalités. Il faut alors rechercher quels sont les droits et les obligations, c'est-à-dire les caractéristiques que les participants doivent posséder pour pouvoir accéder à une certaine position qui leur donne des droits permettant de gérer la rivalité, la dégradation »[159].

Cela induirait donc la définition d'une frontière entre ceux qui ont le droit de profiter de la ressource (les utilisateurs) et ceux qui ont le droit de l'exploiter (les consommateurs). Ladite définition circonscrirait le champ du commun, tout autant que les modalités de sa gouvernance.

---

[157]Bowles. S, Gintis. H, «Social capital and community governance», *The Economic Journal*, 112 (483), F419-F436, 2002, 24 p.
[158]Ostrom. E, «How types of goods and property rights jointly affect collective action», *Journal of theoretical politics*, 15 (3), 2003, pp. 239-270.
[159]Ibid.

Quand on aborde la question de la connaissance en tant que commun, l'on sera face à deux cas de figure, s'agissant de l'application du principe d'exclusion :

°- Le premier est qu'il est difficile de vérifier ce principe, du fait que la question de l'accès à la connaissance ne se pose pas, la ressource étant mise à la disposition de tous et sans exception. Dire par conséquent, que l'on a affaire à un problème d'action collective, n'a ici pas de raison d'être.

°- Le second principe est que l'on n'est pas, dans ce cas, face à un problème de gestion d'une ressource commune au sens d'Ostrom, car « dès lors que la consommation de la connaissance déjà produite, n'est pas soustractive, pourquoi retrouverait-on les mêmes mécanismes? »[160].

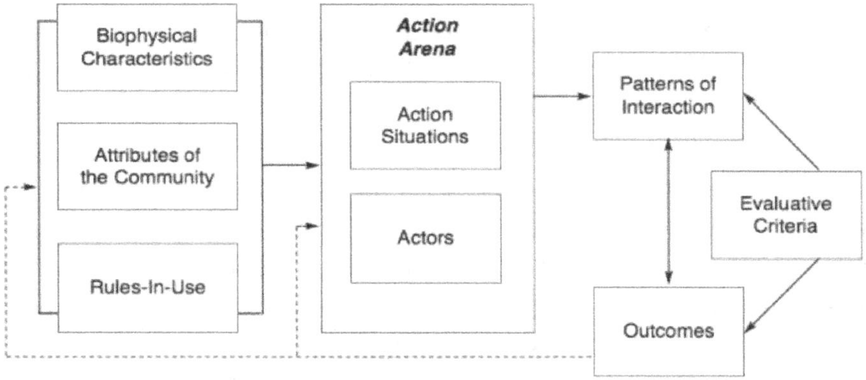

Figure 8 : La connaissance scientifique en tant que communs[161]

Toute la réflexion ici devrait porter sur la démonstration empirique, pour identifier si ces ressources sont ou non exclusives et soustractives.

Car « les attributs des biens produits ou alloués, ainsi que les règles utilisées pour leur production et leur allocation, ont une incidence sur les diverses incitations auxquelles les participants sont confrontées »[162].

---

[160]Ostrom affirme cela pour les biens naturels étudiés.
[161]Bechis. J, «La gouvernance du marché de la publication scientifique à l'ère du numérique: une analyse de la connaissance scientifique en tant que commons», *Innovations*, n° 63, mars 2020, pp. 95-123.
[162]Ibid.

Autrement dit, si l'on s'en tient à la théorie économique standard, les ressources basées sur l'autogestion et pouvant faire l'objet d'une gouvernance commune, « sont caractérisées par la rareté, puis par une situation d'accès ou d'exploitation dans laquelle les différents utilisateurs peuvent se nuire »[163].

Or, la connaissance dans un environnement numérique, est par nature abondante et non rivale. La qualification de « biens communs » semblerait peu caractéristique à son sujet.

Par conséquent, « la distinction entre les types de ressources qualifiées de communes, parce que non exclusives et rivales (champs, systèmes d'irrigation, etc.), des biens collectifs caractérisés par une difficulté à en restreindre l'accès, et une absence de rivalités (une information), paraît pertinente »[164].

Mais, au-delà de ces « divergences » qui peuvent être aussi sémantiques par plusieurs de leurs aspects, la qualification de biens communs pour caractériser les ressources partagées, commentées et modifiées sur Internet, peut trouver son explication dans deux aspects complémentaires :

+ Le premier, parce que la qualification elle-même, renoue avec les sources originelles du concept d'Internet, notamment pour ce qui est de son caractère ouvert, libertaire et décentralisé. C'est une qualification qui refuse l'esprit mercantile qui marque le réseau, et qui s'attèle à le tenir à l'abri du « tout marchand ».

Le modèle de la propriété intellectuelle appliqué à l'environnement numérique, a été lui aussi contesté, car fort soupçonné.

+ Le second : parler de « communautés » dans le web renvoie à un univers tout aussi décentralisé que les champs d'activité analysés par Ostrom. L'enjeu principal, dans les deux cas, « est de définir une gestion fondée sur une auto-administration par les personnes intéressées par la ressource, indépendamment des normes en vigueur, qu'elles soient de nature juridique (un bien s'échange selon des conditions établies) ou économique (un service a un coût déterminé par un marché) »[165].

---

[163]Ostrom. E, Hess. C, «*Understanding knowledge…* », op. cit, p. 41.
[164]Ibid.
[165]Tisserant. C, «*Domaine public et biens communs de la connaissance*», Mémoire d'Etudes, Université de Lyon, janvier 2014, p. 34.

Il faudrait noter par ailleurs, que les communs immatériels se recoupent aussi avec ceux à caractère matériel, au niveau de la question de la gouvernance.

En effet, cette question est essentielle tant pour les biens communs matériels, par nature limités et rivaux, que pour les biens communs numériques, reproductibles à l'infini pour un coût marginal négligeable[166].

Les uns comme les autres, sont partagés et donc accessibles au plus grand nombre, et sont de ce fait, exposés à plusieurs menaces et sujets à des risques de dégradation manifestes :

°- La première menace est liée à la privatisation de ces biens et à l'établissement de barrières (enclosures) limitant les accès aux seuls propriétaires[167],

°- La seconde concernerait la conception de la ressource partagée sur le réseau Internet lui-même, tout autant d'ailleurs que les embouteillages « routiers » qui sont de nature à affecter la fluidité du trafic.

C'est probablement dans cet esprit que la tentation est de plus en plus forte pour restreindre les accès à l'infrastructure et parer, dit-on, à la « ruine de tous », en raison d'une éventuelle congestion totale du réseau[168].

Or, « le double intérêt des acteurs marchands (qui trouvent de nouveaux publics avec l'extension de l'Internet) et des chercheurs ou ingénieurs des communautés techniques (…) a permis de trouver des solutions qui maintiennent l'Internet fonctionnel. Le bien commun de l'Internet, largement accessible et partageable, consiste avant tout dans la pile de protocoles partagés dits IP, et les règles d'usage qui vont avec, notamment le modèle de bout en bout, qui limite la

---

[166] Cf. pour plus de détails: El Yahyaoui. Y, «*Ecosystème des données numériques: Internet des objets, Big Data et intelligence artificielle*», Ed. Spinelle, Paris, décembre 2020, 234 p.
[167] Cf. Boyle. J, «The second enclosure movement and the construction of the public domain», *Law and Contemporary Problems*, Vol. 66, n° 33, 2003, pp. 33-74.
[168] Le mode de la «tragédie des communs» n'est pas absent ici.

possibilité pour les acteurs des réseaux de bloquer, filtrer, promouvoir ou interdire certains sites ou usages »[169].

Dans tous les cas de figure, le bien commun de la connexion généralisée et de l'unité du réseau Internet, est au centre des débats sur la gouvernance dudit réseau.

°- La troisième menace pour les biens communs numériques tiendrait à la pollution de la ressource qui pourrait procéder, comme pour les communs naturels, d'attaques externes ou de discrétions de certains contenus ou d'actions de sabotage ou d'autres malversations.

En même temps, les biens communs numériques peuvent aussi faire l'objet d'opérations de sur-exploitation très présentes « au carrefour des biens matériels et des connaissances, par exemple quand le brevetage d'une plante médicinale produit une demande dans les pays riches, privant ainsi les communautés qui l'utilisaient traditionnellement »[170].

°- La quatrième menace provient pour l'essentiel, de ce que certains appellent « l'intrusion des modèles marchands ». C'est le cas des géants du numérique qui, quand ils intègrent des savoirs et des connaissances, ajoutent leurs modèles d'exclusivité, notamment les marques et les brevets, pour biaiser l'accès à la ressource concernée.

Il en est de même des communautés traditionnelles « dont les formes de transmission et de gestion des connaissances sont perturbées, par l'intrusion des modèles marchands de la propriété intellectuelle »[171].

2.1.3. Domaine public et biens communs numériques

La plupart des définitions en vogue, identifient les biens communs selon trois grands axes :

+ D'abord, le type de ressource mise en partage. On doit évidemment distinguer à ce niveau, « les biens épuisables et rivaux, pour lesquels l'usage de l'un va limiter celui de l'autre, et les biens immatériels qui,

---

[169] Le Crosnier. H, «Les communs de la connaissance: un autre regard sur l'information», *Documentaliste, Sciences de l'information*, Vol. 48, n° 3, 2011, p. 50.
[170]Ibid.
[171]Ibid.

au contraire, prennent de la valeur quand un grand nombre de personnes peuvent s'en emparer »[172].

+ Ensuite, la communauté qui va prendre en charge cette ressource et maintenir le partage ouvert. Cette communauté peut être restreinte, comme elle peut être élargie (commun mondial), sauf qu'à la différence « des communautés de destin, régies par le lieu de naissance ou la religion, il s'agit ici en général, de communautés de choix, construites autour de l'activité volontaire »[173].

+ Enfin, les règles de droit qui vont s'appliquer en interne, parmi les acteurs des communs considérés et vers l'extérieur pour les usages ponctuels.

Dans ce cadre, « la notion de faisceau de droits, qui distingue les diverses parties habituellement liées à la propriété, représente une avancée juridique, par exemple exploitée par les *community land trust* (habitat collectif) ou par les licences *Creative Commons* (plusieurs droits ouverts en fonction de la volonté de l'auteur »[174].

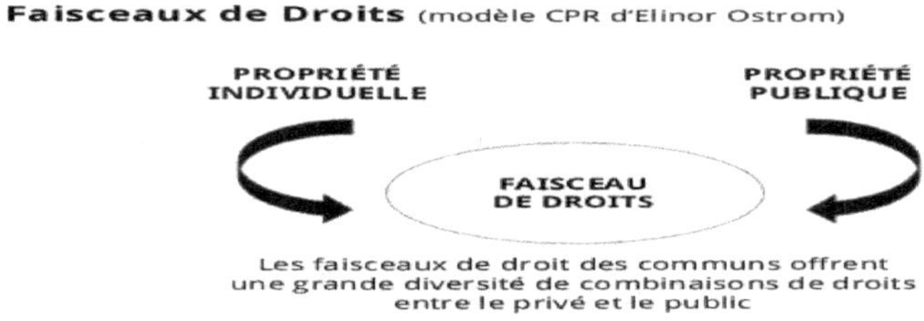

Figure 9 : Faisceaux de droits[175]

Ce tryptique est significatif de ce qu'est un commun, mais n'est pas suffisant pour épuiser l'intégralité de la définition. Car les diverses formes d'enclosures établies, sont de nature à circonscrire la portée de la notion des règles juridiques peu précises, prêtant par-là à confusion.

---

172 Le Crosnier. H, «Une introduction aux communs de la connaissance», *Tic&Société*, Vol. 12, n° 1, 1er semestre 2018, p. 24.
173 Ibid.
174 Le Crosnier. H, «Une introduction... », op. cit, pp. 24-25.
175 Fredriksson. S, «Des Tiers-Lieux Libres et Open Source vers des politiques des communs», Diplôme Universitaire «Espaces communs», Université Paris-Est-Marne-la-Vallée, 5 novembre 2019.

Or, dire que la notion de « biens communs » est une notion éminemment économique, centrée sur la ressource et la propriété, n'est pas moins source de confusion, car à force de mettre l'accent sur l'économique, l'on passe sous silence la dimension de l'organisation sociale qui relève quant à elle, d'une approche centrée sur la communauté et sa gouvernance.

Cette conception risque aussi de ne pas prendre en compte les différences qui pourraient y avoir entre les communs comme des ressources par définition ouvertes, et donc accessibles à tous, et les communs comme des ressources constituées et gérées en marge des régimes de contrôle consacrés, ou instaurant une approche alternative de la propriété intellectuelle.

C'est que le statut du domaine public par rapport aux biens communs, est difficile à cerner. En témoigne par exemple, la confusion partagée et de plus en plus admise, entre le domaine public en droit d'auteur et les biens communs de la connaissance.

Or, et au-delà des divergences de conception, l'on a de plus en plus tendance, d'un point de vue pratique, à ne pas assimiler le domaine public aux communs.

En effet, « les contenus du domaine public sont un support à fort potentiel de biens communs, mais ce ne sont pas des contenus qui sont des biens communs de la connaissance. Ils ne le deviennent que s'ils sont appropriés par des collectifs qui vont définir un certain nombre de règles »[176].

C'est donc l'appropriation et la gestion des contenus par une communauté définie, qui autorisent à parler de communs.

Autrement dit, et « alors que le domaine public devrait se caractériser par l'absence de règles et donc de restrictions d'usage, la gouvernance qui accompagne nécessairement la constitution des communs, élabore un certain nombre de règles »[177].

A partir de là, les communs numériques se justifient par l'existence de deux objectifs intimement liés :

---

[176]Tisserant. C, «Domaine public… », op. cit, p. 45.
[177]Ibid.

°- Ils sont considérés généralement, comme l'élaboration d'un espace de partage et de création, en dehors ou en marge de la sphère marchande,

°- Et ils sont caractérisés par l'absence de restrictions sur des contenus informationnels, qui est revendiquée au nom du fort potentiel économique qu'ils représenteraient[178].

Le domaine public s'inscrit donc en droite ligne de ces objectifs. Il peut jouer un rôle essentiel d'équilibrage dans la propriété intellectuelle, cette enclosure juridique artificielle qui contrecarre la consécration du bien commun.

Car « à l'issue d'une période de protection raisonnable, les œuvres sont destinées à entrer dans le domaine public, pour devenir librement réutilisables. Ce mécanisme permettrait d'alimenter un cycle de la création, les œuvres du domaine public formant un fonds commun dans lequel il est constamment possible de puiser pour produire de nouvelles œuvres »[179].

Après une longue phase, au cours de laquelle le principe de la propriété intellectuelle a renforcé son emprise et imposé ses principes d'exclusivité, ce mouvement s'est progressivement estompé, avec notamment la montée en puissance de l'Internet et des technologies numériques.

En effet, « la progression des techniques de numérisation des services a ravivé l'espoir de rendre enfin accessible et réutilisable le savoir mondial. C'est également au cours de cette période que la notion de biens communs est revenue sur le devant de la scène académique »[180].

Autrement dit, le numérique a favorisé la production, la gestion en commun et le partage de ressources informationnelles pour des communautés à des échelles inédites, comme l'ont montré les exemples des logiciels libres, des connaissances *Creative Commons* et des projets collaboratifs centrés sur les expériences Wiki.

---

[178]Ibid.

[179]De Rosnay. M. D, Maurel. L, «Contribuer à la défense du domaine public et des biens communs de la connaissance», *Rapport de l'Organisation Internationale de la Francophonie*, Paris, 2018, p. 295.

[180]Ibid.

C'est pour ainsi dire que la numérisation du patrimoine culturel par exemple (qui relève exclusivement du domaine public) constitue un outil privilégié pour l'émergence des communs de la connaissance.

Le domaine public entendu ici « est constitué de toute la richesse des informations qui sont accessibles et utilisables, sans les obstacles habituellement associés à la protection par le droit d'auteur et le copyright »[181].

Il faudrait préciser ici les contours des niveaux suivants, car ils sont significatifs des rapports noués autour du domaine public :

°- Un : Domaine public et communs numériques ne sont pas synonymes. Mais, « c'est parce que le domaine public offre de larges libertés d'appropriation et de réutilisation de la culture et de la connaissance, qu'il permet à des communautés de bâtir des communs »[182].

Ceci est d'autant plus vrai que les premiers grands projets de numérisation, comme *Gutenberg Project* ou l'*Internet Archive*, sans parler de Wikipédia et de ses consœurs, ont été initialement lancés sur une base éminemment communautaire.

°- Deux : Même si le volume des communs accessibles en ligne s'accroit de manière significative, dans le temps, il faudrait remarquer que de nombreuses institutions, publiques et privées, « prennent en effet, prétexte de l'acte de numérisation pour revendiquer des droits de propriété sur les reproductions d'œuvres du domaine public »[183].

Ce sont, en fait, des pratiques de réappropriation dont la validité juridique est contestée, alors même que le domaine public peut concourir à l'exercice des droits fondamentaux des individus.

°- Trois : S'agissant de la question de l'inaliénabilité des communs, l'on estime assez souvent que les biens communs de la connaissance peuvent, tout comme le domaine public, faire l'objet d'une exploitation commerciale du moment que celle-ci ne pose pas d'exclusivité sur les contenus réutilisés.

---

[181]Cf. pour plus de développements: Taffin. N, «*Pages publiques: à la recherche des trésors du domaine public*», C&F éditions, Caen, 2014, 128 p.

[182]De Rosnay. M. D, Maurel. L, «Contribuer à la défense du domaine public… », op. cit, p. 296.

[183]Ces revendications sont souvent dénoncées par le terme de «*copyfraud*». Ibid.

L'idée mise au-devant ici consiste à dire que l'inclusion des biens communs dans un système marchand, permettrait d'assurer une meilleure diffusion des idées et la multiplication d'usages transformatifs à l'instar des logiciels libres.

L'on présume, à ce niveau, qu'il faudrait y avoir un cercle vertueux entre l'usage culturel non marchand et l'usage marchand.

°- Quatre : Les restrictions portées sur la réutilisation du domaine public, peuvent être de nature à empêcher la réédition de plusieurs travaux, comme c'est le cas dans le domaine audiovisuel dont le décollage entre durée de vie du droit d'enregistrement et celle du droit d'auteur, est de portée différente.

°- Cinq : Il est intéressant de s'interroger sur la manière dont le numérique (et la numérisation en général) pourrait être perçu et repensé comme un acte de contribution aux communs de la connaissance, et non comme un facteur supplémentaire d'enclosures.

Autrement dit, il faudrait poser la question dans les termes suivants : « ni publics, ni privés, mais pourtant favorisant la richesse commune (tant publique que privée) par la création, la maintenance et la diffusion des connaissances partageables, les communs de la connaissance nous montrent qu'on peut raisonner le savoir, l'échange, la transmission, l'enrichissement mutuel en dehors des formes rigides de la propriété, de l'accaparement privé, de l'intérêt économique d'un côté et le modèle abstrait du public, de l'autre »[184].

[184]Le Crosnier. H et al., «Vers les communs de la connaissance… », op. cit, p. 51.

2.2. Communs numériques et action collective numérique : trois cas emblématiques

Les communs sont généralement définis comme des ressources possédées ou utilisées en commun, de manière libre et égalitaire, entre un certain nombre de personnes.

Trois traits essentiels en sont constitutifs :

+ Ils résultent des attributs de la ressource elle-même,

+ Ils ont des régimes de propriété particuliers (droits d'accès et de prélèvement, de gestion et de vente),

+ Et ils sont soumis à des structures de gouvernance qui leur assurent la pérennité et la soutenabilité.

Ces trois grandes caractéristiques combinées, cadrent les communs autour d'une communauté déterminée et « d'un ensemble de pratiques, valeurs et normes sociales mises en œuvre pour gérer une ressource »[185].

Le système d'auto-gestion qui en est à la base (ou qui en découle) vise « à trouver des solutions pour satisfaire les objectifs communs, sans avoir recours au marché ou à l'Etat »[186].

Les communs informationnels et de la connaissance ont la spécificité d'être des biens rivaux, non exclusifs et renouvelables. Il n'y a en principe, aucune limite à leur consommation. Leur gouvernance ne vise pas à conserver ces ressources, mais plutôt à leur enrichissement et leur mutualisation.

C'est d'ailleurs incontestablement l'esprit des différents domaines de construction de connaissance : encyclopédique, logiciel et communauté de pratiques.

2.2.1. Wikipédia ou l'accès non exclusif à la connaissance

Wikipédia est un projet qui s'adresse au plus grand nombre, du simple fait qu'il s'agit d'une encyclopédie généraliste en ligne. L'objectif initial dudit projet consistait à bâtir une encyclopédie libre où chacun peut modifier.

---

[185]Bollier. D, «*La renaissance des communs: pour une société de coopération et de partage*», Ed. C. L. Mayer, 2014, p. 27.
[186]Ibid.

Or, si l'accès à l'information ou à la connaissance produite, est en général, libre, il n'en est pas de même de la contribution, qui quoi qu'étant à priori ouverte à tous, demeure, dans la réalité des faits, fort régulée pour ne pas dire « réglementée ».

En effet, « dire que tous ont le droit de contribuer, n'implique pas que n'importe qui le peut. En pratique, les projets libres ne sont pas accessibles à tous, car le langage utilisé pour exprimer les problèmes ou pour coder ses propositions, excluait de fait, les utilisateurs peu expérimentés en informatique »[187].

Certains vont même jusqu'à dire que « les processus de décision et de sélection des contributions, constituent des situations de travail qui peuvent aussi apparaître hostiles à certaines catégories de contributeurs »[188].

On pense même que les processus de sélection sont d'autant plus sévères qu'ils finissent généralement par écarter les premiers essais de contributions.

Mais cela ne dénote pas de l'existence de barrières à l'entrée, l'accès étant ouvert et permis. Car « si l'accès à la connaissance produite n'est effectivement pas entravé, paradoxalement les contributions et la régulation des contributions, sont très contrôlées »[189].

Ce n'est donc pas un empêchement à la participation ou à la contribution, du fait même que la régulation peut arriver à postériori, en s'opérant suite à une série d'évaluations sur les contributions proposées à des contributeurs officiels. Comme elle pourrait intervenir suite à un parrainage quelconque.

L'accès est donc un élément fondamental dans l'expérience Wikipédia, comme il l'est pour les ressources physiques, telles que relatées par les travaux d'Ostrom.

En effet, « les accès à des ressources, physiques ou numériques (les outils de publication, la plateforme qui met en visibilité) et au réseau

---

[187]Julien. N, Zimmermann. J-B, «Peut-on envisager une écologie du logiciel libre favorable aux nuls?», *Terminal*, n° 97-98, 2006, pp. 33-47.
[188]Cf. Reagle. J, «Free as in sexist: free culture and the gender gap», *First Monday*, n° 18, January 2012.
[189]Ibid.

de pairs ou d'experts, justifient de contribuer dans tel ou tel projet collectif en ligne »[190].

Les motivations à ce niveau, sont multiples et peuvent se rapporter à un besoin d'accéder à des pairs pour approfondir ses connaissances, comme elles peuvent être justifiées par les besoins d'exposer ses productions sur une plateforme « populaire », pour rendre celles-ci visibles par ses pairs ou la communauté visée par le contributeur.

Il paraît donc nécessaire de « réguler les contenus, et notamment les questions pour que ceux-ci puissent se concentrer sur celles restées sans réponse. Généralement plus complexes, ce sont celles qui présentent le défi le plus important et réclament le plus de compétences »[191].

La connaissance se fait ici dans l'arène de la plateforme, l'accès étant à priori garanti et sans barrières. La plateforme est, de ce point de vue, une ressource unique à travers laquelle seul le meilleur est retenu et gardé dans les archives pour une reproduction permanente.

C'est la raison pour laquelle, la régulation « est aussi une ressource rare, même si elle est quelquefois volontaire[192] (…). Le succès d'un projet, sa visibilité, alimentent ce mécanisme, en attirant les contributions, renforçant le besoin de régulation de l'entrée, pour préserver la ressource rivale »[193].

Wikipédia constitue ainsi un « objet/frontières », autour duquel « des communautés aux intérêts différents, réussissent à travailler ensemble »[194]et créent une communauté de pratiques.

Une communauté de pratiques est « une unité d'analyse qui dépasse les organisations formelles, les institutions comme la famille et l'Eglise et d'autres formes d'organisation, comme les mouvements sociaux. Autrement dit, c'est un ensemble de relations entre des personnes qui font des choses ensemble. Les activités avec leurs

---

[190]Ibid.
[191]Cf. Thévenot. L, «*L'action au pluriel. Sociologie des régimes d'engagement*», Ed. La Découverte, Paris, 2006, 312 p.
[192]La régulation se fait généralement entre les contributeurs et ceux qui veillent à la survie du projet.
[193]Ibid.
[194]Cf. Star. S. L, «This is not a boundary object: reflections on the origin of a concept», *Science, Technology & Human Values*, n° 35, May 2010, pp. 601-617.

affaires, leurs routines et leurs exceptions, constituent la structure de la communauté »[195].

Au niveau de Wikipédia, ces communautés sont informelles. Elles sont constituées d'individus qui se regroupent de manière ponctuelle autour d'un projet et d'un enjeu communs.

Le terme « objet/frontières » retenu ici est fort utile. Il n'est pas donné. Il est le fruit d'une série d'actions collectives menées par différents agents, qui permet à différents groupes, de travailler ensemble autour d'un projet commun, et dont les pratiques ont des effets structurants.

Ces groupes différents allaient incontestablement produire des discours d'ordre différent, impliquant ainsi « une multiplicité d'acteurs hétérogènes (tant par leur nature, leurs intérêts, leurs objectifs) qui émergent et se reconfigurent également à travers celles-ci, et dont on pourrait faire l'inventaire[196].

Dire cela reviendrait à dire que Wikipédia est une « infrastructure » standardisée et standardisante. Elle a évolué « de manière à ce que tout contributeur potentiel doive maintenant comprendre ses normes, être disposé à discuter et sache éviter les rejets semi-automatiques, pour voir la légitimité de ses contributions reconnues »[197].

Mais c'est dire aussi que Wikipédia s'est tellement standardisée qu'elle est devenue une grande infrastructure informationnelle. Il s'agit autrement, d'un « système de classification face à ses propres standards, catégories, technologies, etc. Les entrées Wikipédia ordonnent le savoir accessible à un vaste public sur un nombre infini de sujets »[198].

C'est dans ce sens que tout nouvel article doit impérativement remplir une série de critères, dont de notoriété que de crédibilité des informations y figurant.

---

[195] Browker. G. C, Star. S. L, «*Sortingthings out: classification and its consequences*», MIT Press, Cambridge, 2000, p. 294.
[196]Ibid.
[197]Cf. Beaude. B, «De quoi Wikipédia est-elle le lieu?», In: Barbe. L, Marzeau. L, Schafer. V (Ss. Dir), «*Wikipédia: objet scientifique non identifié*», Presses Universitaires de Paris-Nanterre, 2015, pp. 41-54.
[198]Browker. G. C, Star. S. L, «*Sortingthings out* … », op. cit.

Il doit aussi s'inscrire dans le cadre de règles que la plateforme définit comme étant des « principes fondateurs » :

°- Wikipédia est une encyclopédie,
°- qui recherche la neutralité des points de vue,
°- dont le contenu est libre, donc qui peut être crée et modifié par n'importe qui,
°- dont les relations entre éditeurs suivent les règles de savoir-vivre,
°- qui n'a pas de règles fixes autres que les principes fondateurs[199].

Il est vrai que ces principes ont été, à l'origine, établis et élaborés par « consensus », mais il n'est pas moins vrai qu'ils tendent à être érigés en tant que règles dont la remise en question est fort difficile, et la procédure fort malaisée.

Le commun Wikipédia c'est d'abord et avant tout une ressource gérée collectivement par un groupe, sur une plateforme. Mais ce qui est rare et fait, de surcroît, l'objet de rivalité, c'est le dispositif socio-technique de production d'une connaissance nouvelle.

En d'autres termes, seuls les contributeurs ont le droit de consommer cette ressource rare et qui consiste en :

«+ L'accès à l'écriture d'un article et à l'exploitation de son travail et de ses idées. Il ne peut pas y avoir plusieurs articles sur un même sujet, car c'est une ressource limitée, et surtout rivale,

+ L'accès au groupe de pairs, c'est à dire à l'interaction qui produit de l'apprentissage. Cette ressource est limitée et rivale, car le temps des experts est limité, comme l'est aussi l'espace (numérique) d'exposition (un seul article sur un sujet)»[200].

L'on note ici l'existence de plusieurs niveaux d'action (de participation ou de contribution), qui renvoient à deux types de fonctions et donc de droits :

°- L'un relatif à la production de la matière première ou du contenu,

°- L'autre relatif à la régulation, qui se fait conformément aux principes fondateurs de la plateforme.

---

[199]Site Wikipédia, Les principes fondateurs.
[200] Jullien. N, Roudaut. K, «Sur les conditions d'existence d'un commun numérique», *Researchgate*, janvier 2020, p. 10.

Trois grandes catégories d'acteurs-contributeurs peuvent ainsi être distinguées :

+ Les contributeurs simples, c'est-à-dire ceux qui ont simplement l'accès à la ressource rare,

+ La communauté des *commoners*, c'est-à-dire ceux qui ont des pouvoirs de régulation,

+ Et les propriétaires, c'est-à-dire ceux qui « cumulent tous les droits relatifs à la gestion du bien, mais aussi contrôlent la plateforme qui gère le projet et la mise à disposition du stock pour les utilisateurs »[201] (Cf. chapitre troisième).

2.2.2. Les logiciels libres : un bien commun numérique?

Les logiciels libres sont des logiciels dont la licence permet le partage, l'étude, la notification et l'amélioration du code source[202].

L'histoire de ces logiciels a commencé vers le début des années 1970, période au cours de laquelle ils ont été diffusés librement, sans la moindre contrainte de part ou d'autre.

C'est que le code source de ces logiciels était disponible. Il était de ce fait, « permis » d'étudier leur fonctionnement, les modifier pour les améliorer et procéder par la suite, à la publication et à la diffusion des modifications et améliorations apportées.

L'esprit de partage des connaissances en découlant, tout autant que la liberté accordée aux utilisateurs, étaient naturels au même titre que le partage des autres connaissances scientifiques.

---

[201]Ibid.

[202]L'expression a été lancée en 1980 par Richard Stallman, qui a établi les bases éthiques et normatives de la philosophie des logiciels libres. Ses idées ont permis la création de plusieurs logiciels libres matures et performants, de nos jours largement adoptés. C'est le cas de nombreux dispositifs qui ont permis la réalisation et le fonctionnement des sites web, du noyau Linux utilisé dans les serveurs d'Internet ou dans les téléphones portables.

Figure 10 : L'environnement du logiciel libre[203]

Ces logiciels étaient donc à l'origine libres, sauf que leurs auteurs se sont basés sur le droit d'auteur (le *copyright* anglo-saxon) pour limiter une telle liberté, la seule liberté accordée alors étant un droit d'utilisation limité, en échange du paiement d'une licence : un droit de location, temporaire de surcroît.

Les libertés de copier le logiciel, d'étudier son fonctionnement, le modifier, l'améliorer et publier les améliorations obtenues, sont par conséquent, systématiquement interdites.

C'est dans la perspective de redonner aux utilisateurs leurs libertés « perdues », que Stallman a proposé la réécriture des logiciels et leur diffusion à grande échelle, accompagnée d'une licence libre copyleftée :

«°- qui donne le droit d'utiliser librement le logiciel, de faire des copies du logiciel et de les distribuer, d'examiner le fonctionnement du logiciel et de le modifier, d'améliorer le logiciel et de publier ses améliorations,

°- qui empêche quiconque de supprimer ces droits, grâce au mécanisme du *copyleft*[204]. Les auteurs des logiciels propriétaires

[203]Depoorter. G, «Efficacité, collaboration et éthique: les projets du logiciel libre», *Regards sur le terre*, 2014.

utilisent le copyright pour restreindre les libertés des utilisateurs, les auteurs de logiciels libres utilisent le copyleft pour en garantir le maintien »[205].

La position de Stallman se situe ici, à contre-courant et en réaction à l'appropriation privative du code informatique par les entreprises qui investissaient, à partir du début des années 1980, un marché du logiciel en pleine expansion.

Stallman défendait le statut de commun des logiciels, même s'il n'utilise pas directement l'expression.

En effet, « il n'a cessé de dénoncer le fait que les restrictions d'usage découlant de l'appropriation privative du code, en diminueraient grandement l'utilité sociale. Cette ligne argumentative ne semble guère éloignée de celle d'Elinor Ostrom, qui a étudié de nombreux cas concrets, où la propriété privée se révèle être un mode de gestion des ressources. En outre, la gouvernance de certains projets libres apparait remarquablement proche des formes d'auto-organisation théorisées par Ostrom et l'école de Bloomington »[206].

Le commun dont il s'agit, à ce propos, se rapporte à un système « qui se veut le plus ouvert possible, avec au centre une ou plusieurs ressources partagées, gérées collectivement par une communauté. Celle-ci établit des règles et une gouvernance dans le but de préserver et pérenniser cette ressource »[207].

Les logiciels libres font donc partie de ces ressources qui sont ou peuvent être gérées en commun :

°-Les ressources naturelles (une réserve de pêche ou une forêt),
°-Les ressources matérielles (un *hocherspace* ou un *fablab*),
°-Et les ressources immatérielles dont les logiciels libres et l'encyclopédie Wikipédia.

---

[204]Le *copyleft* spécifie que le logiciel ne peut pas devenir propriétaire et que les améliorations apportées au logiciel doivent impérativement être diffusées avec la même licence libre.

[205]La preuve en est qu'aujourd'hui, la plupart des logiciels propriétaires ont leurs équivalents en logiciels libres. Cf. Vantyghem. D, «Les logiciels libres et la philosophie du libre», *Free Software Foundation*, 18 mars 2006, p. 3.

[206]Broca. S, Coriat. B, «Le logiciel libre et les communs. Deux formes de résistance et d'alternative à l'exclusivisme propriétaire», *Revue Internationale de droit économique*, mars 2015, p. 266.

[207]Helly. E,«Qu'est ce qu'un commun?», *Makina Corpus*, 19 juin 2017.

Pour le cas de la ressource-logiciels libres, outre le fait qu'elle est partagée, les règles qui lui sont appliquées doivent être décidées par la communauté gérant ces logiciels, et l'un des objectifs principaux de la communauté est de veiller à la pérennité et au développement de la ressource, les libertés auxquelles elle est soumise étant la liberté d'utilisation, d'étude, de reproduction et de modification.

Si un éventuel changement dans les règles de partage intervient, « il peut être décidé par les membres de la communauté, développeurs, voire tous les contributeurs »[208].

Les logiciels libres sont ainsi généralement abordés sous l'angle des biens communs, même si la question n'est pas formulée selon les mêmes termes[209].

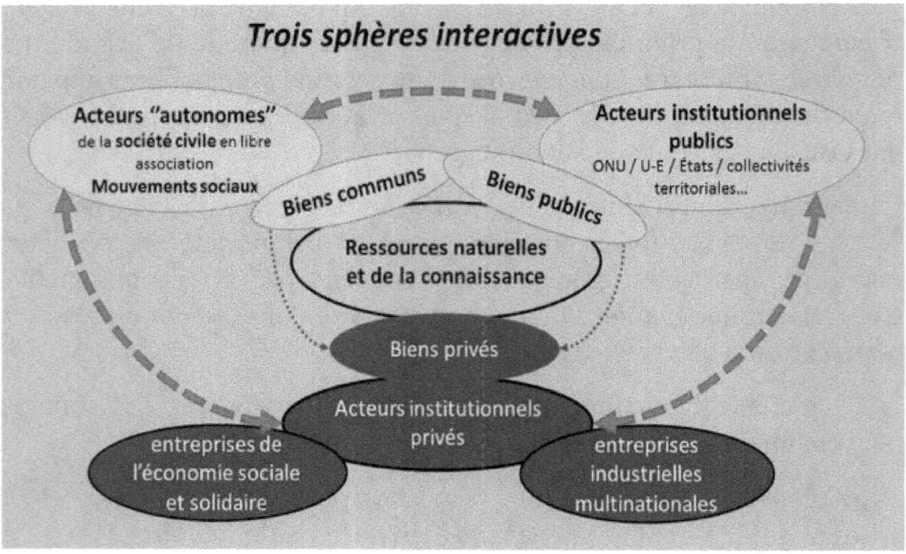

Figure 11: Les sphères des biens communs[210]

L'on considère, suite à cela, que le mouvement du logiciel libre est « un moment phare de l'élaboration du paradigme de l'information

---

[208]Ibid.

[209]Stallman, le créateur de *free software*, ne cesse de dire que les bénéfices sociaux de l'informatique sont bien moindres lorsque les utilisateurs se voient privés des libertés d'utiliser, de copier, de modifier et de distribuer les logiciels qu'ils utilisent.

[210]Goueythieu. J. P, «Une alternative au marché pour produire du commun», *Page personnelle*, 11 juin 2019.

comme bien commun »[211], qui ne peut faire l'objet d'aucune appropriation privative.

Les formes collaboratives, telles que Wikipédia et les logiciels libres, sont donc définies comme «des formes de production pair à pair, basées sur les biens communs (…). Ces projets ne s'appuient pas sur l'usage exclusif, typique des rapports de propriété, mais plutôt sur des formes institutionnelles qui permettent à toutes et à tous, d'accéder aux ressources communes et de partager les résultats du travail»[212].

L'on est ainsi incontestablement au cœur de la pensée d'Ostrom. Car cette dernière rend justement compte de la capacité d'organisation des communautés, pour préserver et enrichir les biens communs, et ce sans recourir à des modes d'organisation privatifs ou étatiques.

C'est d'ailleurs la raison pour laquelle, elle insiste sur le fait que « les biens communs ne devraient pas être analysés simplement en tant que ressources, mais surtout dans leur relation avec les groupes sociaux qui prennent part à leur production ou leur maintien »[213].

Autrement, « ce n'est pas la nature intrinsèque d'une ressource qui la définirait comme un bien commun, mais plutôt sa forme de gouvernance commune, distincte à la fois de la privatisation et de l'étatisation »[214].

Les logiciels libres sont donc des biens communs numériques, de par le fait qu'ils ne sont pas rivaux[215] et dont la gestion communautaire se distingue à la fois des biens privés ou publics, et des autres biens communs matériels.

---

[211]Cf. Aigrain. P, «*Cause commune: l'information entre bien commun et propriété*», Ed. Fayard, Paris, 2015, 284 p.
[212]Cf. Benker. Y, «*The wealth of networks: how social production transforms markets and freedom*», Yale University Press, 2006.
[213]Ostrom. E, *«Governing the commons… », op. cit.*
[214]Couture. S, «Le contrôle des communs numériques à des fins commerciales: le cas des logiciels libres», *Revue internationale d'éthique sociétale et gouvernementale, Ethique publique*, Vol. 17, n° 2, 2015.
[215]Leur utilisation par les uns ne diminue pas la valeur des biens, ni n'entrave l'utilisation par les autres.

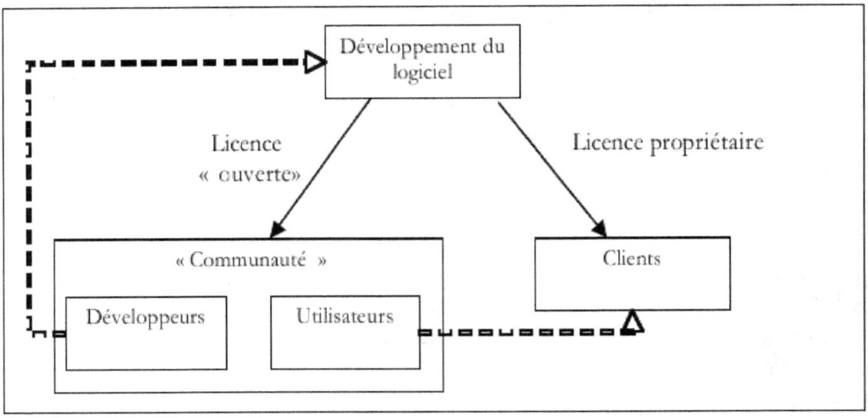

Figure 12: Les licences hybrides[216]

Plus précisément, il est difficile de dire qu'un logiciel libre est automatiquement et systématiquement un commun à part entière, car la licence régissant sa diffusion et sa rediffusion, ne suffit pas. Encore faut-il que son mode de gouvernance implique l'ensemble de la communauté contribuant à ce logiciel.

Deux questions essentielles se posent à ce niveau :

+ La première concernant la communauté, revient à s'interroger sur sa composition : développeurs et contributeurs seulement, ou l'ensemble de la communauté élargie aux utilisateurs?

+ La seconde concerne la ressource : les règles de contribution peuvent-elles ou non être différentes pour le cœur du logiciel, ou doivent-elles se limiter à ses modules complémentaires?

Tout est affaire d'équilibre à trouver et à gérer. Nous en parlerons au chapitre troisième.

2.2.3. Le mouvement Creative Commons : les licences CC

La philosophie des licences *Creative Commons* (CC) relève de la perception des œuvres numériques comme un patrimoine commun, dont l'objectif est de permettre la réutilisation, le partage, l'amélioration et l'enrichissement de ces œuvres.

---

[216]Coris. M, «Récupération ou hybridation. Quel marché pour le logiciel libre?», *Terminal*, n° 101, 2008.

Il s'agit en fait, d'une formule alternative de mise à disposition des contenus protégés par le droit d'auteur et le *copyright*.

En effet, au début des années 2000, et avec le foisonnement de licences diverses, mais surtout dans le contexte de durcissement du copyright aux Etats-Unis, l'américain Lawrence Lessig de la *Standard Law School*, créa l'organisation *Creative Commons* (CC). En 2002, il a mis en place, avec l'aide de ses collaborateurs, le système de licences CC.

Il s'agit d'un système de six licences combinant une ou plusieurs des quatre clauses suivantes :

°-Attribution (signature de l'auteur initial),
°-Non commercial (interdiction de tirer un quelconque profit de l'autre),
°-*No derivative works*: possibilités d'intégrer tout ou partie dans une œuvre composite,
°-*Share alike* : obligation de rediffuser selon la même source[217].

Le mouvement *Creative Commons* propose pour cela, des contrats-types d'offre de mise à disposition d'œuvres en ligne.

En effet, « inspirés par les licences de logiciels libres et le mouvement open source, ces textes facilitent l'utilisation et la réutilisation d'œuvres (textes, photos, musique, sites web, etc.). Au lieu de soumettre toute exploitation des œuvres à l'autorisation préalable des titulaires de droits, les licences *Creative Commons* permettent à l'auteur d'autoriser à l'avance, certaines utilisations selon des conditions exprimées par lui, et d'en informer le public »[218].

---

[217] Cf. Lessig. L, «*The future of ideas: the fate of the commons in a connected world*», Random House, New York, 2001, 369 p.

[218] Aigrain. P, Peugeot. V, «Les licences *Creative Commons*: origine, développement, limites et opportunités», *Sopinspace*, 13 juillet 2015, p. 6.

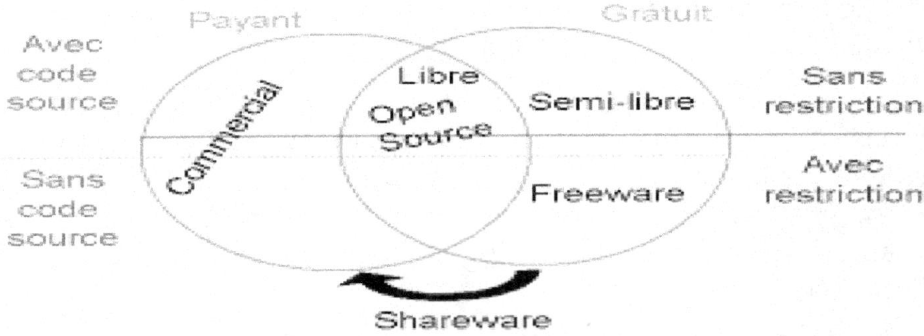

Figure 13 : Les interactions du logiciel libre[219]

L'objectif recherché par le mouvement consiste à encourager, de manière simple et licite, la circulation des œuvres, l'échange et la créativité.

Car le CC s'adresse « aux auteurs qui préfèrent partager, faire évoluer leur œuvre, accroitre la diffusion de leur travail et enrichir le patrimoine commun (les *commons*) de la culture et de l'information accessibles librement »[220].

Par conséquent, les auteurs ayant créé une œuvre quelconque, et qui ont la capacité de signer un contrat portant sur cette œuvre, peuvent utiliser un contrat CC parmi les contrats suivants :

°-Paternité,
°-Paternité/pas de modification,
°-Paternité/pas d'utilisation commerciale et pas de modification,
°-Paternité/pas d'utilisation commerciale,
°-Paternité/pas d'utilisation commerciale/partage des conditions initiales à l'identique,
°-Paternité/partage des conditions initiales à l'identique »[221].

Par ailleurs, la caractéristique fondamentale des licences CC est leur caractère modulaire autour de deux dimensions :

+ Au niveau des droits d'usage, c'est-à-dire l'autorisation ou non des usages commerciaux, puis le niveau à partir duquel il est permis de

[219]Roiron. T, «Le logiciel libre et les autres», *Exposé*, mai 2003.
[220]Ibid. A noter que le droit d'auteur est la formule adoptée par les auteurs ne souhaitant pas autoriser la communication au public.
[221]Aigrain. P, Peugeot. V, «Les licences *Creative Commons*…», op. cit, p. 7.

redistribuer les œuvres modifiées (interdit, autorisé, autorisé à condition que l'œuvre dérivée soit soumise à la même licence, etc.).

+ Et au niveau de l'adaptation des œuvres à des rapports spécifiques et à des situations particulières. Simples et facilement compréhensibles, ces licences ont donné lieu à quatre grandes configurations qui caractérisent en somme, l'écosystème des CC :

°-BY, pour traduire le principe d'Attribution. C'est une clause qui requiert l'attribution de la paternité, et signifie qu'en rediffusant une œuvre, il est impératif d'en citer l'auteur : la reconnaissance de la paternité est l'expression du droit moral de l'auteur, unique et inaliénable.

°-NC (Non Commercial). C'est une clause qui autorise uniquement les usages non commerciaux, c'est-à-dire ceux qui sont dépourvus d'un quelconque but lucratif, sauf que l'auteur pourrait, de son propre gré, lever une telle restriction ou l'envisager uniquement au cas par cas.

°-ND (*Non Derivative*). C'est-à-dire que l'œuvre créée n'est pas sujette à modification. L'auteur interdit ici la création d'œuvres pouvant être dérivées de la sienne. Tout comme pour la clause précédente, l'auteur peut lever une telle restriction ou la traiter au cas par cas.

°-SA (*Share Alike*). C'est une clause de copyleft. Elle exige que les œuvres dérivées (adaptées notamment de l'œuvre originale) soient partagées dans les mêmes conditions, c'est-à-dire placées sous la même licence.

De la combinaison de ces formules, l'on se retrouve avec six licences : BY, BY-SA, BY-ND, BY-NC, BY-NC-SA, BY-NC-ND.

TYPE DE LICENCE	PROPRIÉTÉS	LICENCE LIBRE
CC-by	Paternité	Libre
CC-by-sa	Paternité, partage des conditions initiales à l'identique	Libre avec gauche d'auteur
CC-by-nd	Paternité, pas de modification	Non libre
CC-by-nc	Paternité, pas d'utilisation commerciale	Non libre
CC-by-nc-sa	Paternité, pas d'utilisation commerciale, partage des conditions initiales à l'identique	Non libre
CC-by-nc-nd	Paternité, pas d'utilisation commerciale, pas de modification	Non libre

Figure 14 : Ouverture des logiciels libres[222]

[222] Blum. G, «De la liberté du logiciel et de son ouverture: tour d'horizon et perspectives», *Revue Téléscope*, Vol. 18, n° 1-2, Printemps-Eté 2012, pp. 121–138.

Ainsi, parmi ces licences :

°-Certaines sont libres : BY et BY-SA,
°-D'autres sont ouvertes, mais non libres : BY-ND, BY-NC, BY-NC-SA, BY-NC-ND[223].

De ce système, l'auteur peut choisir les clauses qui conviennent à sa sensibilité et au but qu'il recherche.

C'est la raison pour laquelle, la simplicité de ces licences et la latitude de choix laissée à l'auteur, expliquent que leur usage se soit rapidement répandu.

Par ailleurs, il faudrait noter que les confusions qui naissent entre les CC et les logiciels libres, proviennent pour l'essentiel, « d'incompréhensions » de ce qui motive la définition du libre de ses quatre libertés fondamentales (utiliser, copier, modifier, redistribuer), dans le cas du logiciel libre, et la prohibition de toute restriction additionnelle à l'exception de celle du copyleft qui protège contre la réappropriation.

Par conséquent, les licences CC, à l'exception notable de la licence Paternité à l'identique (BY-SA), ne respectent pas ces conditions. Elles ne sont donc pas, de ce point de vue, libres au sens du logiciel.

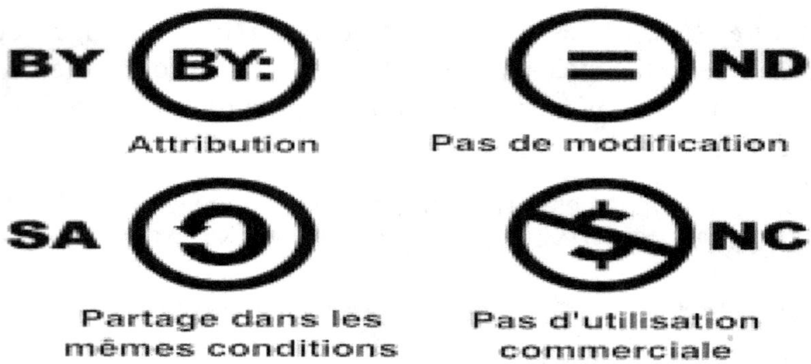

Figue 15 : Spectre des licences CC : Tous droits réservés et domaine public[224]

[223]Romandi. I, «Utiliser et enrichir le patrimoine commun. Les licences de libre diffusion», *Technologie*, n° 197, avril-mai 2015, pp. 29-30.
[224]Keats. D, «Implications of the Non Commercial (NC) restriction for educational content licensed under a *Creative Commons* (CC) licence», *Researchgate*, January 2006.

Or, « le fait que les licences CC autorisent toute une gamme de niveaux des droits d'usage vont permettre une concurrence entre des modèles de création, depuis des modèles dans lesquels la définition des œuvres reste assez classique, avec une œuvre achevée et une simple liberté de diffusion numérique, jusqu'à des communs informationnels, dans lesquels les œuvres sont interdépendantes et générées en permanence les unes par rapport aux autres, et qui vont obéir à des licences assez proches de celles des logiciels libres »[225].

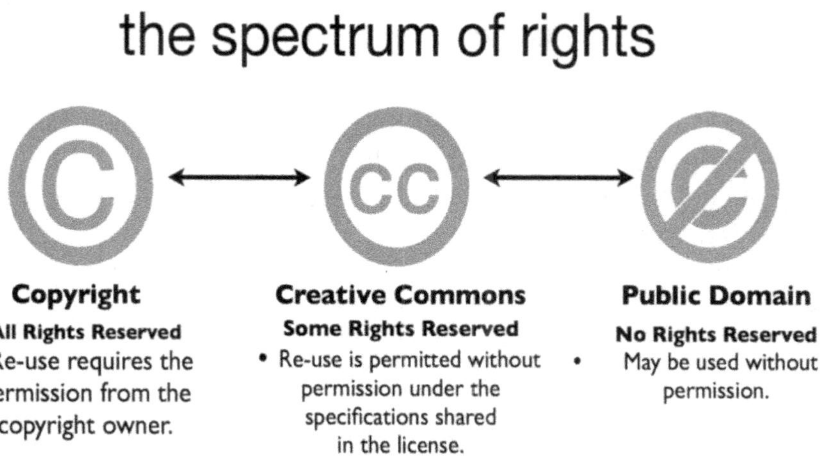

Figure 16 : Le spectre de droits du libre[226]

En même temps, et puisqu'il y a lieu de réservation de droits, à l'exception des licences CC (BY-SA), la licence constitue incontestablement un contrat. Mais ce contrat demeure sans grand impact dans les différentes législations nationales, même « s'il est probable qu'à travers la jurisprudence, elle vienne à en acquérir par exemple, lorsque des auteurs d'œuvres diffusées sous licence CC, poursuivent les auteurs non autorisés par la licence »[227].

Toutefois, et au-delà d'un tel cas de figure, l'intérêt des licences CC réside dans leur capacité à servir de support pour des processus de production, et « leur adaptation à des modes d'exploitation mixte entre

[225]Aigrain. P, Peugeot. V, «Les licences *Creative Commons…* », op. cit, p. 22.
[226]Pacansky-Brock. M, «Making Sense of the Spectrum of Rights», *Slideshare*, January 2013.
[227]Ibid.

le numérique en réseau et les autres modes d'exploitation : support physique, événementiel, médias, services, etc. »[228].

Ceci est d'autant plus évident que, depuis la naissance des licences CC, le choix a été celui de distinguer entre types d'usages et non entre types d'acteurs[229].

En même temps, le choix doit au préalable, répondre à la question suivante : il faut se demander si l'on préfère favoriser la circulation large de son œuvre (pas de restrictions) et son potentiel à susciter des créations ultérieures (pas de clause ND) ou conserver quelques privilèges d'auteur?

C'est la raison pour laquelle, l'objectif des CC, tout comme celui des logiciels libres dans la perspective du commun, n'est pas d'abolir le copyright ou le droit d'auteur, mais « de limiter son périmètre, par exemple en inversant le régime actuel, pour instituer le domaine public comme règle et le droit d'auteur comme exception de durée raisonnable »[230].

---

[228]Ibid.

[229]La licence «Pas d'utilisation commerciale» par exemple, ne prohibe pas l'usage par une société commerciale, dans l'usage commercial, même s'il émane d'un acteur à but non lucratif.

[230]Romandi. I, «Utiliser et enrichir le patrimoine commun… », op. cit, p. 38.

2.3. Les logiques d'appropriation des communs numériques

Les biens communs (ou les communs) sont des ressources, tant matérielles qu'immatérielles, gérées par une communauté qui en définit les droits d'usage, en organise le mode de gouvernance et les défend contre les éventuels risques d'enclosures.

Il peut s'agir aussi bien d'une communauté locale gérant une ressource matérielle, que d'une communauté globale gérant une ressource immatérielle, tels Wikipédia ou les logiciels libres.

L'approche des communs généralement retenue se présente assez souvent, comme une alternative à la gestion par l'Etat ou par le Marché[231].

C'est en ce sens que les communs ne désignent pas, ou pas uniquement, les ressources qu'une communauté partage, mais aussi et davantage la façon dont elle se les partage, c'est-à-dire les règles qu'elle se fixe pour gérer les accès, les usages et les fruits de ces ressources collectives partagées.

Or, de telles ressources, tout autant que les règles et normes les régissant, ne cessent de faire l'objet d'appropriations diverses, visant soit à contrecarrer leur émergence, soit à discréditer leur ambition pour devenir une alternative aux régimes de propriété en vigueur, ou encore à mettre en doute leur capacité à déstabiliser les fondements même du capitalisme.

2.3.1. Les communs numériques face au « mouvement des enclosures »

Le point d'ancrage d'un commun (matériel ou immatériel) est d'abord une ressource, dont la gouvernance engage nécessairement de nombreux acteurs qui, quoi qu'ayant des intentions divergentes, sont contraints de coopérer et d'agir collectivement.

Ces différentes sphères s'influencent mutuellement et interagissent, mais dont les comportements et les stratégies induisent naturellement des dérives de divers ordres :

---

[231] Cf. pour plus de développements: CNNum, «Ambition numérique: pour une politique française et européenne de la transition numérique», *Rapport*, *Conseil National du Numérique*, Paris, juin 2015, 399 p.

« °- Les acteurs publics : tendance à la bureaucratie, au centralisme (qui n'a rien de démocratique), à l'oligarchie (...). Remise en cause de l'universalisme de la solidarité nationale, impuissance devant les lobbies des marchés financiers (...) délégations de services publics à des entreprises privées, contraires à l'esprit même des biens communs universels (...) conflits d'intérêts (...),

°- Les acteurs privés : religion du marché, fétichisme de la finance, enclosure de ressources, détérioration de l'environnement, apologie de la spéculation, fraude fiscale à grande échelle, asymétrie de pouvoirs, etc. »[232].

Face à une telle réalité, les « acteurs autonomes » s'organisent et se mettent en mouvement, et ce non seulement pour alerter de ces dysfonctionnements, mais aussi pour développer leur autonomie créatrice, aussi bien individuelle que collective.

Il en résulte le plus souvent, des formes d'organisation autour d'initiatives associatives ou coopératives dotées de lieux de décision, et d'acteurs polycentriques avec une symétrie raisonnable des pouvoirs.

Ces formes d'organisation révèlent aussi et parallèlement à cela, « plusieurs façons de concevoir le rôle de l'Etat et du marché, tout particulièrement à propos de la propriété foncière et financière. Il y aurait matière à évaluer de façon moins dispersée, la portée de ce vaste mouvement social alternatif et créatif des communs, dont la crainte, semble-t-il, parfois justifiée, est de se faire instrumentaliser par les multinationales et leurs fondations : pour éviter le pillage de notre richesse commune, il faudrait sortir du débat entre privatisation et propriété publique, et privilégier les formes démocratiques des communs. Car souvent, l'Etat s'empresse de conspirer avec les industriels, pour les aider à accaparer les ressources en vue d'une exploitation privée, c'est-à-dire commerciale »[233].

C'est que la notion de communs ne cesse d'être mobilisée, pour donner cours à l'idée selon laquelle il est de plus en plus admis de penser le changement social (politique, économique et écologique

---

[232]Thomé. P, «Le bien commun ou biens communs?», *Mediapart*, novembre 2014, p. 4.
[233]Cf. Bollier. D, «La renaissance des communs... », op. cit. Cf. aussi: Audier. S, «Les biens communs sont parmi nous», *Le Monde*, 16 mai 2014.

aussi) sur la base d'un réinvestissement du collectif, des communautés du partage et de l'usage[234].

Tout laisse à penser qu'il y a lieu, par les communs, d'une volonté de réinterpréter les modes d'appropriation établis. Les figures de la propriété privée ou publique, exclusives et souveraines, se trouvent ainsi de plus en plus mises en question.

Derrière ces communs, ce sont des communautés fermement opposées au mouvement des enclosures qui émergent et s'affirment.

Il est vrai que le moment fort de la réflexion sur les communs date des travaux d'Elinor Ostrom, s'agissant des communs dans le domaine des ressources naturelles. Il n'est pas moins vrai aussi, que le second moment fort a été marqué par la contestation de la montée en puissance de la privatisation et du fractionnement de la connaissance.

En effet, « à partir des années 1990, nombre d'auteurs constatent le renforcement sans précédent, de la propriété intellectuelle au niveau international : les droits de propriété s'étendent à des éléments inédits, notamment à ceux du vivant (génome humain, semences, etc.), aux logiciels et bases de données, aux méthodes commerciales, savoir-vivre, etc. Leur durée est allongée, des standards élevés de propriété intellectuelle s'imposent aux pays en développement, dans le cadre de l'organisation mondiale du commerce, etc. Un débat naît donc, qui porte sur les blocages possibles dans l'accès à la connaissance, et aux informations de tous ordres, sur la privatisation de la culture et de l'expression, sur les forts risques de freins à l'innovation »[235].

L'on parle ainsi, suite à cela, des « nouvelles enclosures de la connaissance », pour faire écho au mouvement d'enclosures des terres communes, connu en Angleterre entre les 16ème et 18ème siècles.

L'on parle aussi, dans le même sillage, de la « tragédie des anti-communs »[236], métaphore pour dire que « la multiplicité des droits de propriété intellectuelle et leur fragmentation entre plusieurs mains,

---

[234]Cf. Coriat. B, «Qu'est-ce qu'un Commun? Quelles perspectives le mouvement des Communs ouvre-t-il à l'alternative sociale?», *Les possibles*, n° 5, 6 janvier 2015.

[235]Cornu. M, Orsi. F, Rochlefd. J (Ss. Dir), «*Dictionnaire des biens communs*», Presses Universitaires de France, Dossier de presse, août 2017, p. 7.

[236]Contrairement à la tragédie des communs, évoquée précédemment, c'est là une hypothèse de sous-consommation de la ressource qui se trouve fort dénoncée.

freineraient les innovations à venir, empêchant tout utilisateur qui a besoin d'accéder à plusieurs inventions brevetées pour élaborer un produit, de se fonder légitimement sur les innovations passées (…). Le mouvement dit du logiciel libre expérimentera lui, une voie de reconquête du commun, en construisant des méthodes de mise en partage des codes source logiciels, méthode qui essaimera vers d'autres domaines (les œuvres) ou selon d'autres formes »[237].

S'opposent à ce niveau, et de manière quasi-frontale, ces velléités d'enclosures et ces aspirations renouvelées au partage, dans le cadre d'une mobilisation des pratiques sociales, des formes juridiques et des revendications politiques.

Le renouveau des communs est donc un renouveau au niveau des pratiques sociales et politiques, mais il l'est d'autant plus au niveau du débat théorique.

En effet, même si Elinor Ostrom et Charlotte Hess n'ont évoqué les communs de la connaissance que pour ce qui est des connaissances scientifiques, élaborées par la communauté des chercheurs, elles n'ont pas manqué de préciser par ailleurs, que les risques d'enclosures spécifiques peuvent aussi frapper les ressources immatérielles, tout autant que les ressources naturelles.

Elles disent en substance : « si les formats numériques facilitent l'accès aux contenus, ils permettent également de s'approprier ce qui fut longtemps tangible. Ce nouvel état de susceptibilité d'appropriation par autrui, n'est pas spécifique au savoir. On observe des phénomènes similaires pour la plupart des biens communs globaux, comme par exemple, lorsque l'on pollue le cosmos, ou que l'on drague le fond des mers avec des chalutiers »[238].

Parler des enclosures de la connaissance ou des enclosures informationnelles, c'est, en un sens, des enclosures d'accès comparables aux barrières physiques, dont il s'agit, mais aussi

---

[237]Cf. Heller. M-A, «The tragedy of the anticommons: property in the transition from Marx to Keynes», *Harvard Law Review*, Vol. 111, n° 3, January 1998, pp. 621-688.

[238]Ostrom. E, Hess. C, «*Understanding knowledge as commons…* », op. cit. Cf. aussi: Maurel. L, «Comprendre les risques d'enclosures des communs de la connaissance», *La vie des idées*, 7 septembre 2016, p. 9 et suivantes.

d'enclosures de temps, géographiques, attentionnelles, communautaires, techniques, juridiques ou écosystémiques[239].

Trois exemples significatifs peuvent traduire une telle réalité :

°- Le premier exemple concerne le domaine de la numérisation croissante des biens culturels, et qui est en train de remettre en cause progressivement les droits positifs sur la culture dont bénéficieraient les auteurs, par le biais de la possession physique des supports d'œuvre.

Ainsi, le droit qu'aurait l'auteur sur son livre papier est de plus en plus remis en question avec le livre numérique. Par conséquent, « les titulaires de droits de propriété intellectuelle (en général les éditeurs) peuvent imposer des restrictions d'usage à la fois contractuellement, mais aussi techniquement, par le biais de verrous numériques limitant l'utilisation ou la copie des fichiers. La conséquence, c'est que la sphère d'usages collectifs qui existait dans l'ordre du livre papier, est en passe d'être supprimée dans l'ordre du livre numérique ou rejetée dans l'illégalité. Ce phénomène s'analyse clairement comme une enclosure juridique et technique frappant la connaissance »[240].

°- Le second exemple se rapporte au champ de la production des connaissances scientifiques. C'est le cas des chercheurs qui cèdent leurs droits à des éditeurs de revues scientifiques, qui (les éditeurs) les revendent aux universités sous forme de licences d'accès à des bases d'articles scientifiques, avec de fortes marges de profit. C'est un cas emblématique d'une privatisation d'un commun qui s'apparente à un acte d'enclosure[241].

°- Le troisième exemple est emprunté aux communs naturels et plus particulièrement aux semences. En effet, les grands groupes industriels ont réussi, en affaiblissant le recours aux semences traditionnelles de la part des agriculteurs, à « imposer des droits de propriété intellectuelle (brevets, certificats d'obtention végétale, etc.) pour s'approprier des droits exclusifs et obliger lesdits agriculteurs à les racheter régulièrement. Il s'agit là d'un phénomène

---

[239]Cf. Maurel. L, «Communs de la connaissance et enclosures. Réponse à Allan Greer», *La vie des idées*, 29 septembre 2015, 10 p.
[240]Ibid.
[241]Cf. Boyle, J, «*The public domain: enclosing the Commons of the Mind*», New Haven, Yale University Press, 2008, 333 p.

d'appropriation du vivant par la propriété intellectuelle (qui) aboutit à des conséquences dramatiques pour les agriculteurs et pour la biodiversité »[242].

Les pratiques des GAFAMs et des plateformes numériques ne sont pas trop loin de cette métaphore.

2.3.2. La contre-offensive des géants du numérique ou des « communs du capital »

Directement ou par extension, l'information et la connaissance, mais aussi les données numérisées et tous les régimes de partage d'informations et de connaissances, rentrent à priori dans la sphère des communs numériques. On pourrait aussi leur ajouter les communs logiciels et les communs créatifs.

Or, l'infrastructure qui en constitue l'ossature matérielle et logicielle, à savoir l'Internet, ne cesse de faire l'objet d'appropriations successives.

Autrement dit, l'infrastructure qui est censée nous délivrer des contraintes et des contrôles, semble faire l'objet d'une aliénation marchande de premier plan.

Il est vrai que l'architecture de base est ouverte, en ce qu'elle repose sur des standards non propriétaires[243], permettant une interconnexion généralisée des réseaux divers. Mais il n'est pas moins vrai que de nombreuses ressources immatérielles accessibles sur Internet, démultipliant ainsi les possibilités d'échange, ne font pas exception à la dynamique d'appropriation.

En fait, « le changement de support ou de médium, du papier vers des supports numériques, ou des supports off line vers le numérique en ligne (l'Internet), ne modifie pas fondamentalement la possibilité d'appropriation : si une entreprise offre un accès gratuit à l'Internet moyennant une entrée obligée, l'Internet lui-même devient pour partie, une ressource appropriée par le *gatekeeper* (le gardien) »[244].

---

[242]Ibid.

[243]Notamment pour ce qui est des protocoles techniques du TCP/IP, qui ont permis l'agrégation de nombreux réseaux, et le développement d'applications et de contenus aux extrémités du réseau mondial.

[244]Strowel. A, «Les outils d'appropriation au service des communs numériques», *Munich Intellectual Property Law Center*, Working Paper, mars 2019, p. 6.

Il s'ensuit que l'accessibilité aux contenus sur Internet, peut être largement freinée, soit par le développement de nouvelles technologies, soit par le biais de modes d'organisation de l'accès, qui donnent la possibilité aux opérateurs (privés le plus souvent) de réorienter certaines données.

Les pratiques marchandes étendent leurs techniques pour détourner, saisir et exploiter les nouvelles ressources de l'Internet, en dépit du fait que « l'économie de la connaissance a vocation à être une économie de la mise en commun et de la gratuité, c'est-à-dire le contraire d'une économie »[245].

Or, comme le commun se définit d'abord par l'usage, et nullement par la nature, ce dernier finit généralement, en évoluant, par définir le partage et donc le mode d'appropriation.

Ainsi, « l'Internet du milieu des années 1990, était davantage un commun que celui d'aujourd'hui, qui passe par des portails ou portiers, *gatekeepers* que sont Google et Facebook par exemple. Certes, Wikipédia et d'autres sites de partage (notamment les pages des communautés scientifiques ou journalistiques) sont toujours là, mais ces lieux de savoir et d'échange sont désormais encerclés par de nombreuses pages à clics, qui captent les attentions et propagent des publicités autour de contenus à deux balles »[246].

L'Internet n'est donc plus un commun au « sens plein » du terme, du fait qu'il n'a jusqu'ici pas débouché sur une gouvernance mondiale. L'on ne pourrait en revanche, ne pas admettre qu'il a été à l'origine de nombreux communs numériques : « sans lui, on n'aurait pas connu l'essor des logiciels libres ou les contenus en *Creative Commons* de l'encyclopédie Wikipédia »[247].

Mais la contre-offensive de la logique propriétaire n'œuvre pas toujours à sens unique. Elle dresse certes, des barrières et des enclosures, mais n'hésite pas, lorsque sa dynamique dépend d'un commun numérique, à contribuer en retour, à son entretien et à son maintien.

---

[245] Gorz. A, «Le communisme de la connaissance», *Revue critique d'Ecologie politique*, n° 21, août 2011.
[246] Strowel. A, «Les outils d'appropriation… », op. cit, p. 13.
[247] Ibid.

L'exemple le plus emblématique à cet égard, est celui du logiciel Linux, souvent cité comme l'une des plus belles réalisations du libre.

En effet, en « véritable clef de voute de l'environnement numérique, le système d'exploitation Linux a fini par être intégré dans la stratégie de grandes entreprises comme IBM, Samsung, Intel, RedHat, Oracle et bien d'autres encore, y compris aujourd'hui, Microsoft, Google, Amazon ou Facebook »[248].

Il s'agissait en fait à l'origine, d'un simple projet communautaire fondé sur les contributions de développeurs bénévoles, mais « à mesure que Linux prenait de l'importance pour le secteur marchand, sa nature a profondément changé. Ce sont aujourd'hui plus de 90% des contributions au logiciel, qui sont assurées par des développeurs professionnels rémunérés par les entreprises »[249].

L'on a affaire ici à une véritable tragédie des communs numériques, qui menace beaucoup de projets *open source*, mais « uniquement en ré-internalisant les contributeurs sous la forme d'employés, un mouvement symétriquement inverse à celui de l'ubérisation, dans lequel les entreprises extériorisent au contraire, le facteur travail pour ne pas avoir à l'assumer sous sa forme salariée »[250].

Certains pensent qu'il s'agit là d'une des formes de synergie entre les communs numériques et le Marché, mais une telle situation est aussi perçue comme une dégénérescence des projets contributifs qui deviendraient avec le temps, des « communs du capital ».

En effet, « les grandes entreprises créent des communautés d'usagers ou de consommateurs pour en tirer des avis, des opinions, des suggestions, des améliorations techniques (…). Le capital est capable d'organiser des formes de coopération et de partage à son profit. Ce qui est, d'une certaine façon, la preuve indirecte et paradoxale de la fécondité des communs, de leur capacité créatrice et productive. C'est un peu la même chose qui avait permis le décollage industriel au 19ème

---

[248] Maurel. L, «Les communs numériques sont-ils condamnés à devenir des communs du capital?», *Sixièmes Rencontres du GESS*: «ESS, communs, organisations alternatives: la gestion solidaire peut-elle fédérer autour d'une plus grande soutenabilité ?», *GESS*, décembre 2018, p. 7.
[249] Ibid.
[250] Ballier. D, Laval. C, «Les communs proposent un nouveau modèle social et économique», *Lutopik*, 1er août 2016.

siècle, quand le capitalisme a organisé la coopération ouvrière dans les usines et l'a exploité à son profit »[251].

Par ailleurs, les grandes entreprises qui ont contribué au développement du logiciel Linux, par l'intermédiaire de leurs salariés, n'ont pas changé la licence (GNU-GPL) sous laquelle la ressource est placée. Elles ne peuvent par conséquent, revendiquer d'exclusivité pouvant remettre en question les droits d'usage partagés, et permettant à n'importe quel acteur, commercial ou non, d'utiliser Linux.

Or, puisque le projet dépend, dans sa grande majorité, de la contribution des développeurs salariés par les grandes entreprises, il est évident qu'il ne soit pas gouverné par ses auteurs.

Il est vrai que la gouvernance du projet relève formellement de la communauté des développeurs. Mais, « on peut penser que le poids des intérêts des corporations se fait nécessairement sentir, ne serait-ce que par le biais des liens de subordination pesant sur les développeurs salariés. Cet état structurel de dépendance économique vis-à-vis de ces firmes, fait bien de Linux un commun du capital, bien qu'il n'en soit pas, pour autant, complètement capturé et qu'il conserve une certaine autonomie relative »[252].

La même réflexion peut être menée au niveau du projet Wikipédia, et ce même si la communauté des contributeurs n'est en aucun cas, derrière les 90% des contenus produits par des employés rémunérés par des entreprises, comme c'est le cas pour Linux.

Mais la contribution en retour des entreprises, peut se faire par les versements sous forme de subventions en argent, faits en faveur de la *Wikimédia Foundation*[253].

Cette logique de mécénat peut « conduire à créer un état de dépendance économique du commun, alors que jusqu'à présent, Wikipédia assure son indépendance, en recourant essentiellement à des dons individuels pour couvrir les coûts liés à l'entretien des infrastructures du projet »[254].

---

[251]General Not Unix-General Public Licence.
[252]Ibid.
[253]Subventions fort réclamées par ailleurs, par ladite *Foundation.*
[254]Ibid.

Cette dépendance est d'autant plus accentuée que la *Wikimédia Foundation* compte au sein de son « conseil d'administration », de nombreuses personnalités ayant des liens directs ou indirects avec Google par exemple[255].

Il est par ailleurs « peu prouvé » que les projets libres ayant acquis une renommée importante, ne se soient devenus, d'une manière ou d'une autre, des communs du capital.

Paradoxalement à cela, les logiciels libres ont acquis une dimension infrastructurelle telle qu'un acteur historique du logiciel propriétaire comme Microsoft, ne pourrait les ignorer.

Il n'en reste pas moins que la « dépendance du projet vis-à-vis de financements privés risque d'entrainer une fragilisation de son autonomie que ni les licences, ni le statut des infrastructures ne pourront prévenir. Le fait que l'appel au mécénat est activement demandé par les instances dirigeantes du projet, est également préoccupant, et on peut y voir l'écho d'une dilution progressive de la notion de communs elle-même »[256].

2.3.3. De la réappropriation des communs numériques par les plateformes

Dans son ouvrage, « l'âge de l'accès »[257], Jeremy Rifkin parle de l'évolution de la société (et donc de l'économie), fondée sur la propriété, vers une société (et vers une économie) privilégiant l'accès. Pour lui, la propriété classique des biens et des services n'est plus la problématique centrale. C'est dorénavant l'accès qui est au centre de ladite problématique.

Le développement des plateformes collaboratives (Uber, Airbnb, Blablacar, etc.) qui permettent à leurs propriétaires d'optimiser l'usage

---

[255]En 2016, la *Wikimédia Foundation* a reçu un don de 250000 dollars de la *Knight Foundation*, pour construire un «moteur de connaissance», présenté comme devant concurrencer Google, mais sans s'afficher clairement, ni établir les tenants et aboutissants du projet. Cette polémique a conduit la directrice exécutive de la Foundation à déposer sa démission. Cf. Lausson. J, «La directrice de Wikimédia démissionne», *Numerama*, 26 février 2016.

[256]Maurel. L, «Les communs numériques sont-ils condamnés… », op. cit, p. 11.

[257]Rifkin. J, «*The age of access: the new culture of hypercapitalism. Where all of life is a paid-for experience*», Tarcher Periga, 2001, 320 p.

de leurs biens (voiture, domicile, etc.) est fort caractéristique de cette évolution vers la logique d'usage dont parle Rifkin[258].

C'est une transformation en profondeur, signe à première vue, d'un renforcement des communs et du partage. Mais elle traduit, contrairement à cela, une nouvelle forme par laquelle ces plateformes ne font qu'extraire davantage de valeur des biens, à travers la segmentation des usages dans le temps et dans l'espace[259].

En effet, « la maîtrise conférée par la propriété est simplement mieux exploitée, grâce à des outils numériques permettant de nouvelles transactions économiques, conférant des droits d'accès et d'usage bien échelonnés dans le temps, au profit d'autres personnes que le propriétaire. Ces transactions nouvelles sont permises par des plateformes qui offrent de nouveaux moyens de réduire substantiellement les coûts de transaction »[260].

Il s'agit là d'une évolution qui s'appuie sur un exercice plus rationnel et une nouvelle distribution des faisceaux de droits, tels que conçus et mis en évidence par Elinor Ostrom.

Il n'y a donc pas nécessairement une communauté, ou un faire en commun qui se forme autour de ces ressources ainsi mieux partagées dans le temps : « l'optimisation permet de maximiser les revenus de la propriété ou, sur l'autre face de la plateforme, d'accéder aux utilités d'un bien pour un temps limité et à moindre coût »[261].

Dit autrement, les plateformes numériques fonctionnent ici comme de véritables « pompes aspirantes », car elles donnent accès à l'usage et à la consommation de la richesse à une échelle fort élargie.

Or, le fait nouveau à cet égard, est que « cette consommation prend appui sur une infrastructure numérique, qui permet d'en rationaliser les termes et les conditions à une échelle inégalée. C'est pourquoi, les plateformes numériques élargissent considérablement la base, et

---

[258]Cf. pour plus de développements: El Yahyaoui. Y, «*Economie des plateformes numériques. Captation de la valeur, pouvoir de marché et communs collaboratifs*», Ed. L'Harmattan, Paris, mai 2021, 302 p.
[259] L'expression *platformcapitalism* traduit manifestement une telle réalité. Cf. Srnicek. N, «*Platformcapitalism*», Polity, 2017, 120 p.
[260]Strowel. A, «Les outils d'appropriation… », op. cit, p. 8.
[261]Ibid.

renouvellent en profondeur les modalités de l'accumulation du capital »[262].

Les plateformes s'affirment dans ce contexte, comme un dispositif socio-technique au cœur d'un régime spécifique de mobilisation de la richesse sociale, c'est-à-dire des communs numériques.

En fait, « c'est Airbnb qui récupère et valorise les logements inoccupés, c'est Uber qui (re) mobilise les voitures et la population de banlieues, immigrée pour la plupart, c'est Deliveroo qui fait de même avec les vélos et la jeunesse, c'est Kisskissbankbank qui draine l'épargne oisive en pratiquant le financement participatif (*crowdfunding*) pour des projets de films, c'est Fullfactory qui s'approprie les compétences et le temps disponible des travailleurs de la foule (*crowdworkers*) pour l'exécution de mini-tâches sous-payées, etc. »[263].

Dans la nébuleuse complexe de l'économie dite collaborative, de partage ou de pair, les plateformes peuvent certes permettre l'éclosion des communs, mais cela dépendrait essentiellement du modèle adopté par telle ou telle plateforme.

Le modèle retenu permettrait de distinguer les plateformes marchandes (dites entreprises-plateformes) dont le régime d'accumulation se différencie peu des entreprises capitalistes traditionnelles et des plateformes-sites d'échanges à visée communautaire.

Ces derniers sont généralement inscrits dans un modèle qui « nous mène vers une société post-capitaliste, où le marché doit enfin se soumettre à la logique des communs »[264].

D'aucuns parlent d'ailleurs, de la logique des communs pour distinguer les entreprises-plateformes des plateformes collaboratives ou coopératives.

En effet, il est établi que les entreprises-plateformes « s'assurent un contrôle sur trois types d'actifs intangibles : d'abord, les algorithmes

---

[262]Dieuaide. P, «Des plateformes et des hommes. Vers un capitalisme 2.0», *Ecorev*, n° 47, janvier 2019, p. 3.
[263]Dieuaide. P, «Des plateformes et des hommes… », op. cit, p. 2.
[264]Brauwens. M, «*Sauver le monde. Vers une société post-capitaliste avec le peer-to-peer*», Ed. Les liens qui libèrent, Paris, 2015, p. 19.

et les applications, ensuite les bases de données sur les fournisseurs et les usagers, enfin la marque et autres signes de ralliement »[265].

Ce contrôle s'effectue généralement au profit du propriétaire qui, à partir des usages faits de ces actifs, peut dégager des bénéfices.

Si, au contraire, « la propriété des actifs intangibles est partagée et distribuée dans un faisceau de droits entre les participants à la plateforme, qui définissent en commun les règles qui doivent présider aux échanges comme celles qui ont trait au partage de la valeur créée, on est en présence d'une plateforme coopérative qui relève de l'économie vraiment collaborative »[266].

C'est dans ce sens que ces plateformes sont de véritables dispositifs socio-techniques, des architectures puissantes qui ne cessent de quadriller la société et de façonner des marchés dont ils ne contribuent pas uniquement à créer, mais aussi à maîtriser de bout en bout.

Ces plateformes, adossées à des marchés créés de toutes pièces, sont donc une construction sociale et politique, mais aussi le cœur d'un pouvoir en trois dimensions essentielles :

°- D'abord, ces plateformes fonctionnent comme un système d'information, organisant et orientant l'action d'un nombre croissant d'usagers présents sur ces plateformes,

°- Ensuite, ces plateformes sont un véritable dispositif de pouvoir dans la mesure où elles sont simultanément, au fondement de nombreux écosystèmes d'affaires et supports d'un nouveau rapport social de production,

°- Enfin, ces plateformes fonctionnent comme de véritables accélérateurs de la formation du capital : « elles s'auto-alimentent par des effets de réseaux et des boucles de rétroaction, qui récupèrent les flux d'information de leurs utilisateurs et les capitalisent en temps réel, sous la forme d'une démultiplication des volumes de transaction »[267].

---

[265]Strowel. A, «Les outils d'appropriation… », op. cit, p. 9.

[266] Cf. Scheltz. T, «*Platform cooperativism: challenging the corporate sharing economy»,* Rosa Luxemburg Stiftung, New York, 2016, 38 p.

[267]Bauwens. M, Kastakis. V, «*Manifeste pour une véritable économie collaborative. Vers une société des communs*», Ed. C. L. Mayer, Paris, 2017, p. 79.

Les plateformes, autres que marchandes, c'est-à-dire collaboratives ou de pair à pair, sont elles aussi, au coeur d'un mode de production et d'une organisation sociale, mais sont, à côté de cela, au cœur d'une logique des communs et du système productif et social y prenant corps. C'est un système dédié à la création des communs et à la mutualisation des contributions.

Il est donc question de « contourner » ces régimes fondés sur la propriété, pour imposer une liberté de communauté d'usages fondés sur les arrangements institutionnels tels que pensés par Ostrom.

Ainsi, « des formes de propriété commune pourraient être utilisées, qui se distinguent aussi bien de la propriété étatique que de la propriété privée individuelle »[268].

Le marché ici, pour les plateformes collaboratives et dans une société axée sur les communs, n'aura pas une fonction extractive comme dans le cas des plateformes marchandes, mais sera doté d'une fonction générative positive.

Les contributeurs aux plateformes collaboratives doivent donc créer un nouveau type de marché qui leur permette de contribuer davantage aux communs.

Ils doivent mettre en place des « coalitions entrepreneuriales qui créent des produits et des services pour le marché, et servent de conduits pour générer un revenu qui permet de poursuivre la construction des communs »[269].

Dans tous les cas de figure, s'interroger sur les ressorts des communs numériques, ancrés sur les plateformes collaboratives, oblige nécessairement de s'attarder sur les droits de propriété intellectuelle.

Car si les communs s'opposent au modèle propriétaire classique, l'on ne cesse d'apercevoir, pour autant, l'ambivalence des droits de propriété.

A la propriété intellectuelle fermée, l'on oppose à cet égard et de manière récurrente, la propriété intellectuelle ouverte et les contributions libres.

---

[268]Dieuaide. P, «Des plateformes et des hommes… », op. cit, p. 7.

[269] Bauwens. M, Kastakis. V, «Manifeste pour une véritable économie collaborative…», op. cit, p. 83

Cela est d'autant plus évident que l'usage ouvert d'une ressource numérique repose d'abord et avant tout, sur un système de droits et d'obligations, émanant en grande partie des usages et des pratiques opérés grâce et autour de cette ressource.

Chapitre Troisième

De la gouvernance des communs numériques

Les biens communs (ou *commons*) couvrent une multitude de biens et de ressources allant du matériel tangible à l'immatériel intangible, en passant par les divers réseaux contributifs ou collaboratifs inscrits dans des plateformes.

Ils relèvent par ailleurs, d'une diversité de modes de production et de gestion : d'une communauté, des pouvoirs publics, du marché ou de régimes hybrides.

Ils sont aussi structurés autour d'une forme institutionnelle historique qui permet une action collective, à travers laquelle les parties prenantes définissent elles-mêmes le bien commun, les règles d'accès et d'usages et les structures d'organisation qui en assurent la sauvegarde, la pérennité et le développement.

Lorsque Garett Hardin parlait de la « tragédie des communs », il faisait allusion explicite à ces pâturages abandonnés au commun, qui ne pourraient être mis à l'abri d'une sur-exploitation, certaine à son sens, que par la reconnaissance de la propriété privée, ou par le recours à la gestion publique[270].

Partant de la philosophie des communs, la métaphore de Hardin se heurte à trois grandes insuffisances :

°- La première parce qu'elle confond bien commun et *open access*, domaine ouvert sans normes ni règles précises,

°- La seconde parce qu'elle émet l'hypothèse que les protagonistes aux biens communs ne communiquent pas entre eux, et ne coordonnent pas leur action collective,

°- La troisième parce qu'elle considère que les exploitants de la ressource commune n'agissent que dans une perspective de maximisation de profit, ce que contredit manifestement la logique des communs portée par la satisfaction de biens communs.

---

[270]Hardin reviendra plus tard sur cette thèse, précisant qu'il s'agissait de la tragédie des communs «aménagés», c'est-à-dire non gouvernés.

Malgré cela, l'idée de Hardin selon laquelle il vaudrait mieux créer des inégalités (par la privatisation des communs ou leur nationalisation) que de conduire à la ruine de tous, a forgé les références, au moins jusqu'à la reconnaissance des travaux d'Elinor Ostrom, selon lesquels des formes de gouvernance autres que la privatisation et la nationalisation sont possibles, et qu'elles peuvent être mises en œuvre par des communautés pour les protéger et les faire épanouir.

Les communs étudiés par Ostrom et l'école de Bloomington, sont des communs naturels, mais le même raisonnement concerne les communs dits numériques. Car en un sens, tous les communs sont des communs de connaissance, y compris les communs naturels.

Autrement dit, « le partage de la connaissance et de l'information est essentiel à la réussite et à la pérennité de tous les types de communs »[271].

Mais il n'y a pas de communs sans gouvernance. Celle-ci se fait par une communauté, et suppose d'échanger des informations afin de prendre de bonnes décisions quant à l'usage des ressources : un commun est donc avant tout, un partage de connaissances en vue d'assurer une bonne gouvernance[272].

[271]Hess. C, «Communs de la connaissance, communs globaux et connaissance des communs», In: Coriat. B (Ss. Dir), «*Vers une république des biens communs*», Ed. Les liens qui libèrent, 2018, p. 261.
[272]Ibid.

3.1. Elinor Ostrom ou le commun comme forme de gouvernance

Il est presque impossible de comprendre un commun sans prendre en considération trois dimensions essentielles : une ressource, un régime collectif et un mode de gouvernance. Leur portée procède d'une articulation, qui passe par une action coordonnée de « mise en commun ».

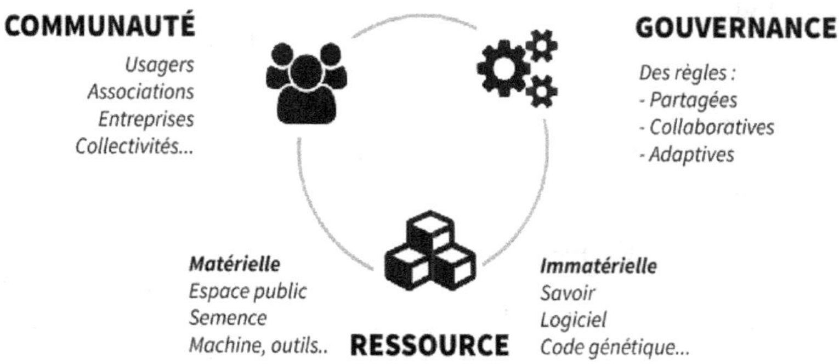

Figure 17 : Les communs : une ressource, une communauté, un mode de gouvernance[273]

Si les anglo-saxons préfèrent le terme de commun (*commons* et *commoning*), c'est parce que l'expression de « bien commun » renvoie au bien, donc à la notion de ressource, alors que le commun tout court, permet non seulement d'englober les trois dimensions susmentionnées, mais aussi d'insister sur la dynamique collective qu'elles enclenchent.

Les communs ne sont donc pas uniquement une ressource. C'est une ressource, puis une communauté, puis des protocoles, puis des dispositifs institutionnels et des valeurs érigées pour gérer les ressources partagées.

C'est un système qui marie la production et la gouvernance. C'est la raison pour laquelle lorsque Ostrom a défini les communs, elle l'a fait autour d'un régime de propriété, d'un ensemble de règles et de normes, et par l'intermédiaire d'arrangements institutionnels tissés et

[273]Hess. C, «Communs de la connaissance… », op. cit.

entretenus par les différents membres de la communauté, pour protéger la ressource et en assurer la pérennité.

3.1.1. Les communs comme un régime de propriété commune

Prenant appui sur les travaux d'Elinor Ostrom, Benjamin Coriat définit les communs comme un « ensemble de ressources collectivement gouvernées, au moyen d'une structure de gouvernance, assurant une distribution des droits entre les partenaires participant au commun (*commons*) et visant à l'exploitation ordonnée de la ressource, permettant sa reproduction sur le long terme »[274].

En partant de cette définition, l'on s'aperçoit qu'Ostrom a conçu une définition originale de la propriété centrée sur ce qu'elle appelle un *bundle of rights* (faisceaux de droits), qui devrait amener à une conceptualisation de la propriété commune.

Cette notion de la propriété commune « a longtemps été occultée, malmenée par l'histoire des faits et des idées. Elle est restée un impensé, voire un impensable des théories économiques, depuis au moins les premières attaques physiocratiques jusqu'à sa mise à terre par les auteurs de la théorie économique des droits de propriété »[275].

Mais Ostrom a opté pour une démarche pratique et ne s'est pas longuement attardée sur la généalogie de la propriété, encore moins sur ses soubassements théoriques et politiques.

La propriété commune a suscité donc peu d'intérêts de la part des économistes, notamment ceux d'obédience libérale. Ces derniers partaient de l'idée d'efficacité supérieure de la propriété privée et n'envisageaient pas d'autres formes de propriété.

On ne peut qu'être surpris par le fait que « tout un pan de l'histoire des communs et de la propriété commune, a parallèlement au développement de la pensée économique libérale, été effacé, occulté, autorisant ainsi la diffusion d'une vision hégémonique et dogmatique de la fonction sociale de la propriété privée »[276].

C'est à contre-courant de cette pensée qu'Ostrom s'est définie l'objectif de « développer un schéma conceptuel permettant de

---

[274] Cf. Coriat. B (Ss. Dir), «*Le retour des communs. La crise de l'idéologie propriétaire*», Ed. Les liens qui libèrent, Paris, mai 2015, 297 p.
[275] Orsi. F, «Elinor Ostrom et les faisceaux de droits… », op. cit, p. 2.
[276] Orsi. F, «Elinor Ostrom et les faisceaux de droits … », op. cit, p. 21.

distinguer et caractériser les différents régimes de propriété (publique, privée, commune), selon divers faisceaux de droits pouvant être tenus par les utilisateurs de ressources »[277].

La réflexion d'Ostrom est basée sur la critique de deux grandes positions de la théorie des droits de propriété :
°- L'assimilation de la propriété commune à l'absence du droit d'exclure,

°- La définition de la propriété selon un faisceau composé du droit d'exclure et du droit d'aliéner uniquement.

D'où « la critique de l'idée que tout système de propriété ne contenant pas ces droits, est considéré comme mal défini, voire inexistant, et par conséquent générateur d'inefficience »[278].

Ostrom, en recourant à l'approche par les faisceaux de droits, a réussi à mettre en évidence :

+ Que le droit d'exclure participe de la définition des régimes de propriété commune,

+ Que l'absence de droit d'aliénation ne signifie en aucun cas, une définition incomplète ou faible du régime de propriété. Une telle absence n'implique nullement l'inefficacité de l'exploitation mise en commun. Elle pourrait même fonder l'efficacité[279].

L'apport théorique d'Ostrom à ce niveau, consiste en l'application du concept de faisceaux de droits à des ressources partagées, puis de décrire ces droits, d'expliquer leur distribution et d'en exposer concrètement le fonctionnement.

Ces ressources qu'elle qualifie de *Pools Commons Resources* (CPR) n'entretiennent pas une relation automatique avec un régime de propriété commune, du fait qu'un régime de propriété associé à un CPR « peut être public, privé ou relever d'une communauté d'utilisation »[280]. Un CPR peut même être utilisé en libre accès complet.

---

[277] Schlager. E, Ostrom. E, «*Property-rights regimes and natural resources: a conceptual analysis*», University of Wisconsin Press, Land Economics, n° 68, March 1992, pp. 249-262.
[278] Ibid.
[279] Cf. Ostrom. E, «Private and common property… », op. cit, pp. 332-379.
[280] Ibid.

Du point de vue du principe de la gouvernance, la réflexion entreprise par Ostrom est celle de « savoir quel régime de propriété, régi par un ensemble complexe de règles, se présente comme le plus approprié pour assurer la consommation de la ressource, tout en garantissant la préservation et le développement durable de la ressource concernée »[281].

Partant de là, Ostrom définit la propriété comme un faisceau de cinq droits, en rapport avec les CPR [282] : le droit d'accès, le droit de prélèvement, le droit de gestion, le droit d'exclure et le droit d'aliéner.

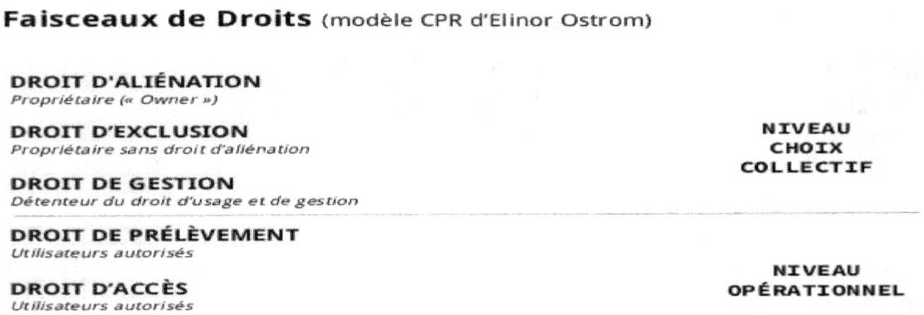

Figure 18 : Droits et faisceaux de droits[283]

Ces droits sont répartis entre deux niveaux hiérarchiques :

°- Un niveau opérationnel, où se situent les droits d'accès au CPR et de prélèvement des unités de la ressource,

°- Et un niveau de choix collectif, où se définissent les règles applicables au niveau opérationnel. On y trouve le droit de gestion, le droit d'exclure et le droit d'aliéner.

Cet ensemble de droits est, en quelque sorte, un référentiel pour le mode de gouvernance des communs : le droit de gestion est le droit à réguler les conditions d'utilisation de la ressource, tout autant que les changements nécessaires à son amélioration. C'est autrement, le droit à déterminer les règles de prélèvement de la ressource.

---

[281] Cette réflexion est développée en détail in: Cf. Ostrom. E, «Private and common…», op. cit.

[282]Qui sont, en fait, une forme de gouvernance de ces ressources.

[283]Fredriksson. S, «Des Tiers-Lieux Libres… », op. cit.

Quant au droit d'exclure, il s'agit du droit qui vise à déterminer qui va bénéficier du droit d'accès et comment ce droit lui-même à l'accès peut ou non être transféré.

Le droit d'aliéner est défini ici comme étant le droit de vendre ou de céder entièrement ou partiellement l'un ou les deux droits d'exclure et de gestion[284].

L'important dans l'approche d'Ostrom, réside dans la manière dont ces différents droits vont être affectés à différentes catégories d'acteurs.

Quand elle a testé les communs dans cette perspective, Ostrom a mis en place, pour le cas des pêcheries par exemple, quatre « classes de détenteurs de droits de propriété » qui sont autrement qualifiés de « positions » :

	Owner	*Proprietor*	*Claimant*	*Autorized user*
Accès et extraction	x	x	x	x
Management	x	x	x	
Exclusion	x	x		
Aliénation	x			

Figure 19 : Classes de détenteurs de droits de propriété[285]

A partir de cette classification, Ostrom a défini « une grammaire combinatoire » à même de construire une grande variété de configurations institutionnelles et de régimes de propriété.

Mais l'important pour elle, ce « n'est pas d'identifier quelques grandes formes de propriété, telles que la propriété privée, la propriété commune ou la propriété publique, mais de montrer comment un régime spécifique peut être construit pour chaque situation particulière. Ce qui importe, c'est la diversité institutionnelle et la diversité des régimes de propriété[286].

[284]Orsi. F, «Elinor Ostrom et les faisceaux de droits … », op. cit, p. 15.
[285]Schlager. E, Ostrom. E, «Property-rights regimes… », op. cit, p. 252.
[286]Weinstein. O, «Comment comprendre les communs… », op. cit, p. 22.

Ostrom pense ainsi que «la plupart des régimes de propriété qui se sont imposés face à différents problèmes de gestion de ressources, combinent en fait, des dimensions individuelles et collectives, peuvent faire intervenir aussi bien des agents individuels que des acteurs publics ou des entreprises, et que ces régimes reposent sur une *rich mixture of public and private instrumentalities*»[287].

La théorie des communs s'approche ici considérablement de la théorie de l'agence, dans la mesure où la société par action par exemple, ne relève pas de la propriété privée, mais bien d'une forme de propriété commune ou de combinaison entre propriété privée et propriété commune »[288].

3.1.2. Une gouvernance des communs par « arrangements institutionnels »

Les communs sont définis comme des systèmes intégrés et cohérents, constitués d'une ressource, d'une communauté de personnes, de règles d'organisation autour d'un objectif partagé et d'une structure de gouvernance.

La nature de la ressource, qu'elle soit tangible ou immatérielle, ne caractérise pas un commun, car un bien n'est pas intrinsèquement un commun. C'est par l'usage qu'il se définit comme tel.

En même temps, l'opération de mise en commun ne traduit pas une réalité figée et immuable. Elle atteste de l'existence du caractère processuel du commun.

---

[287]Cf. pour plus de développements: Ostrom. E, «Governing the commons… », op. cit.

[288]La grande entreprise par action constitue pour Ostrom, une des formes majeures de l'action collective.

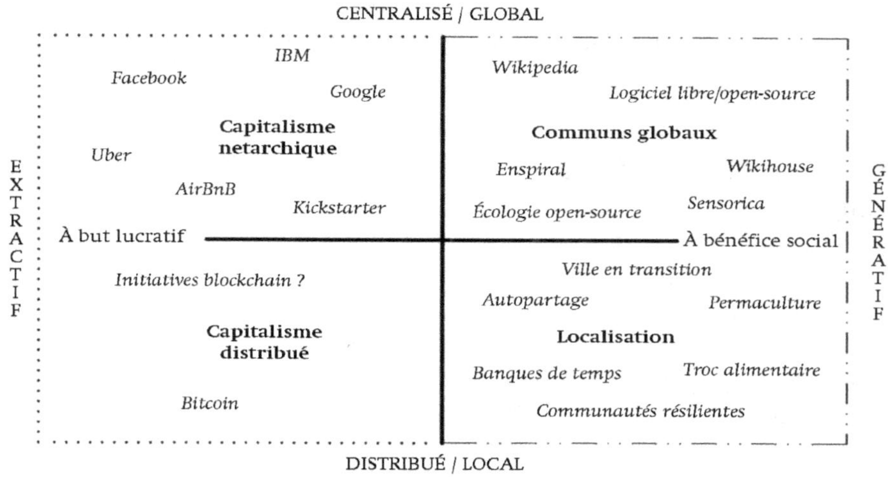

Figure 20 : Capitalisme, économie collaborative et communs numériques[289]

Autrement, « il n'existe pas de ressource qui aurait intrinsèquement des caractères la prédisposant à être gérée en commun, et toute ressource n'a pas nécessairement vocation à être un commun »[290].

C'est la raison pour laquelle, le terme de « communs » est privilégié au terme de « biens communs », car ce dernier étant centré sur la ressource, tend à laisser dans l'ombre la dimension sociale et les dynamiques de fonctionnement.

Ostrom a examiné des dizaines de cas empiriques de système de ressources naturelles dites communes. Elle a montré qu'un système de ressources gérées en commun est à même de garantir la soutenabilité de cette ressource.

Elle affirme en effet, qu'il existe « de nombreux exemples de communautés où les usagers ont établi des dispositifs institutionnels, des formes de gouvernance et des systèmes de répartition des droits de propriété, qui contribuent à remplir cet objectif de soutenabilité et de développement des biens communs »[291].

---

[289] Bauwens. M, Kostakis. V, «*Manifeste pour une véritable économie collaborative... », op. cit*, p. 66.

[290] Leyronas. S, Bambridge. T, «Communs et développement: une approche renouvelée face aux défis mondiaux», *Revue internationale des études du développement*, n° 233, janvier 2018, p. 15.

[291] Ostrom. E, «Governing the commons... », op. cit, p. 77.

C'est dans ce sens qu'elle définit les communs comme des systèmes institutionnels, c'est-à-dire comme des systèmes de ressources communes durables, auto-gouvernées et auto-organisées.

Les communs, pour Ostrom, sont donc et avant tout, des « dispositifs institutionnels relatifs à la gouvernance et à la gestion des ressources communes »[292].

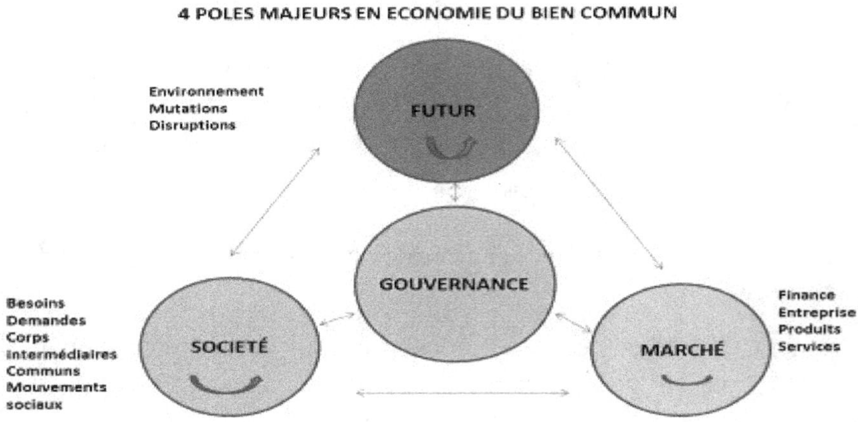

Figure 21 : Pôles majeurs en économie du bien commun[293]

Il n'y a ainsi pas lieu d'une quelconque appropriation publique ou privée, mais plutôt d'une appropriation collective de la ressource.

La distribution des droits précédemment mentionnés, implique ici et incontestablement une structure de gouvernance. Les communs résultent de ce fait, « d'une action collective organisant des intérêts des acteurs qui participent au commun, en partant du principe qu'ils ne sont pas nécessairement identiques »[294].

Un commun est donc « une organisation, au sens plein et entier de la théorie des organisations, constituée d'acteurs aux intérêts, compétences et connaissances non immédiatement compatibles. Sa durabilité est liée à la capacité collective de faire respecter les règles

---

[292]Ostrom. E, «Governing the commons… », op. cit. p. 8.
[293]Fellmann. T, «Qui se préoccupe des biens communs ?», op. cit.
[294]Ibid.

formelles et informelles d'usage, et de mettre en place des méthodes robustes de régulation de l'autorité et des conflits »[295].

La dimension institutionnelle concerne et porte par conséquent, sur l'action collective auto-gouvernée et auto-organisée, et donc sur les divers dispositifs institutionnels à même d'assurer cette gouvernance.

Il est, par conséquent, clair, dans la perspective d'Ostrom, que les communs sont d'abord et avant tout, une « affaire » d'action collective et de gouvernance[296].

En effet, toute la réflexion d'Ostrom est centrée sur la « manière dont un groupe d'utilisateurs d'une ressource, peut s'organiser autour de règles pour se gouverner lui-même, afin de bénéficier des ressources, tout en se préservant des conduites opportunistes, et en s'assurant de la soutenabilité de ces ressources »[297].

C'est, de ce fait, aux acteurs de discuter et d'élaborer en commun leurs « propres règles de gouvernement ». C'est de l'esprit même du concept de faisceau de droits propres à Ostrom.

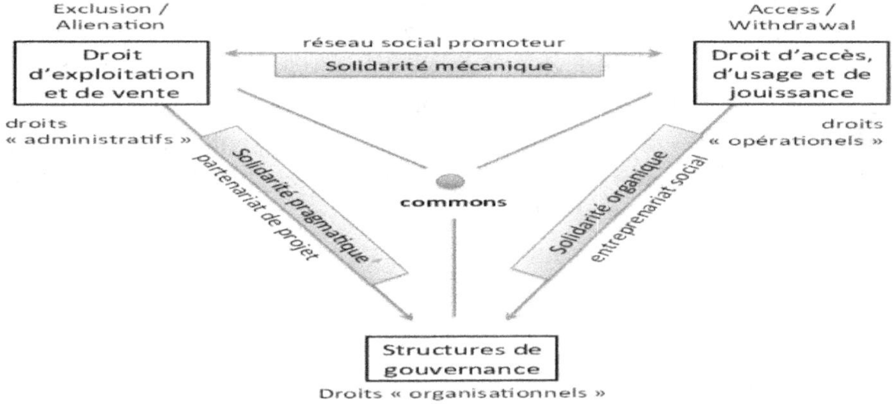

Figure 22 : Solidarités, droits et gestion des biens communs[298]

---

[295]Leyronas. S, Bambridge. T, «Communs et développement… », op. cit, p. 17.
[296]Ibid.
[297] Robert. P, Lefebvre-Chambart. A, «Les communs, un renouvellement démocratique des gouvernances. Etudes de cas dans les Hauts de France», Addes, Colloque «*Gouvernance et économie sociale et solidaire*», 9 octobre 2018, p. 3.
[298] Woloszyn. P, «La propriété privée comme antonyme de l'économie spatiale collaborative», *Researchgate*, novembre 2016, p. 4.

Les huit principes d'agencement susmentionnés, lui ont servi de « boîte à outils » pour mettre en place un cadre d'analyse et de développement institutionnel. Ils sont à même d'assurer réellement la protection des communs dont les communautés d'acteurs ont la charge et la responsabilité.

Ce qui est alors ouvert au partage n'est pas seulement une ressource, mais « bien un arrangement social particulier. En conséquence, sa préservation passe par la prise de conscience des interactions sociales permettant ce partage »[299].

C'est dans ce sens que la ressource auto-gouvernée est « une ressource pour laquelle ses utilisateurs sont durablement impliqués dans la production et le changement des règles, au sein d'arènes des choix collectifs »[300].

Il est donc fort utile de laisser aux utilisateurs de la ressource, l'autonomie nécessaire pour le développement de leurs propres règles, en fonction de telle ou telle situation d'action collective.

La notion de situation d'action collective est par ailleurs, une notion fondatrice dans la théorie des communs d'Ostrom. Elle est significative de la nature du système de gouvernance à adopter pour ces derniers. Elle est définie comme « l'espace social où les participants aux préférences diverses interagissent, échangent des biens et services, résolvent des problèmes, se dominent les uns les autres, ou se combattent »[301].

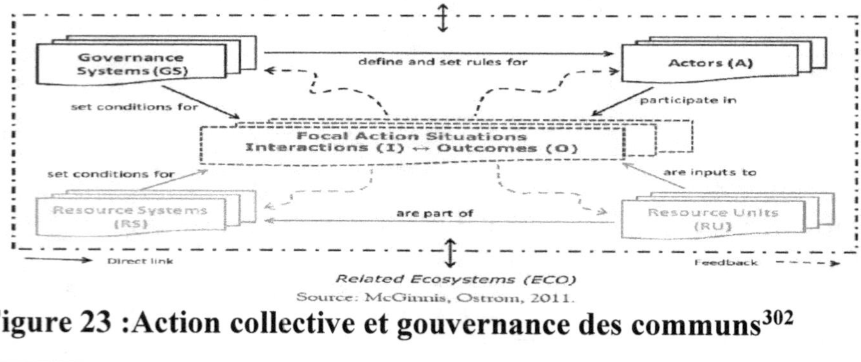

Source: McGinnis, Ostrom, 2011.

Figure 23 :Action collective et gouvernance des communs[302]

---

[299]Ibid.

[300]Ostrom. E, «Self-governance… », op. cit, p. 18.

[301]Ostrom. E, «*Understanding institutional… », op. cit*, p. 14.

[302] De Araujo Pereira. M, Schneider. S, Van Der Ploeg. J. D, De Souza. M, «Soustainable development under competing claims and land», *Ambient. Soc*, Vol.19, n° 4, Sao Paulo, October-December 2016.

Toute situation d'action est composée par conséquent, de sept parties actives :

« °-Les acteurs,
°-occupant des positions,
°-choisissant parmi des actions,
°-à une étape donnée d'un processus de décision, en fonction de leur degré de contrôle du nœud de choix,
°-des informations qu'ils détiennent,
°-des résultats anticipés des choix,
°-et des bénéfices et des coûts associés à ces résultats »[303].

Ces règles (de position, de délimitation, de choix, d'agrégation, d'information, de gains et de portée) réduisent considérablement l'incertitude liée aux comportements d'autrui, et aux systèmes de ressources.

En d'autres termes, « dans tous les cas où les individus se sont organisés eux-mêmes pour résoudre des problèmes de CPR, les règles ont été établies, qui ont fortement contraint les actions autorisées (...). Si tout le monde suit ces règles, les unités de ressources seront allouées de façon plus efficiente et prévisible, les conflits seront réduits et le système de ressources lui-même sera maintenu dans le temps »[304].

Mais Ostrom ne s'intéresse pas uniquement à ces aspects de la gouvernance des ressources communes. Elle s'intéresse aussi aux systèmes de ce qu'elle appelle « les appropriateurs », c'est-à-dire à leur manière d'auto-organisation pour prélever des unités de la ressource.

Ces appropriateurs peuvent être « des éleveurs, des pêcheurs, des irrigants, des navetteurs ou quiconque s'approprie des unités de ressources d'un certain type de système de ressources. Dans de nombreux cas, les appropriateurs utilisent ou consomment les unités de ressource qu'ils prélèvent (...). Les appropriateurs utilisent également les unités de ressource en tant qu'intrants dans le processus de production (...). Dans d'autres cas, les appropriateurs transfèrent directement la propriété des unités de ressource à d'autres individus,

---

[303]Ostrom. E, Basurto. X, «Crafting analytical tools... », op. cit, p. 323.
[304]Ostrom. E, «Governing the commons... », op. cit, p. 43.

qui deviennent alors les utilisateurs de ces unités de ressource, etc. »[305].

Ces appropriateurs sont parties prenantes centrales dans les structures de gouvernance. Ils n'entretiennent pas, selon la configuration institutionnelle d'Ostrom, un rapport d'investisseur qui vise à mettre en valeur un capital financier pour en tirer un bénéfice en contrepartie, mais sont soit des consommateurs dont le rapport à la ressource est un rapport de consommation domestique, soit des producteurs tels les irrigateurs qui utilisent l'eau pour leur culture.

L'idée sous-jacente à cette réflexion est celle de l'analyse du mode de gouvernance des ressources communes et donc des règles (c'est-à-dire du cadre institutionnel), qui permettent une exploitation durable de ces ressources.

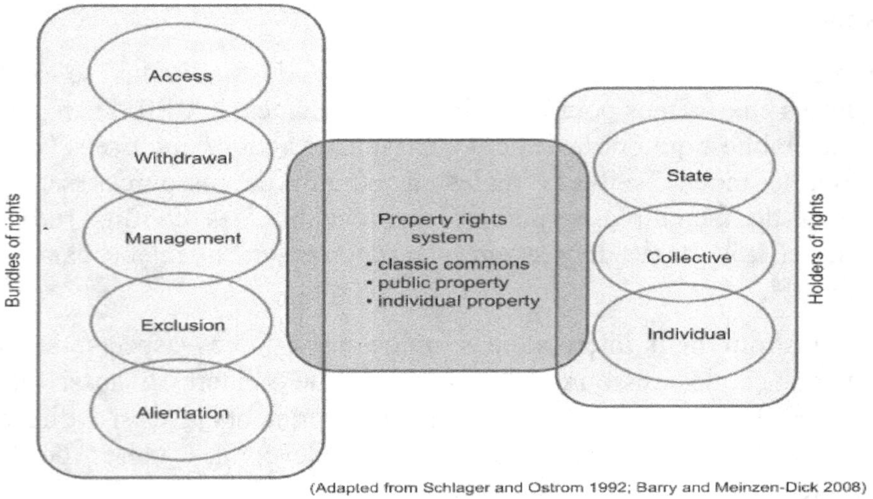

Figure 24 : Le système des droits de propriété[306]

3.1.3. Une gouvernance polycentrique des communs

La question générale, mais centrale, qu'Elinor Ostrom pose et se propose d'étudier est la suivante : si on regarde les pratiques de gestion des ressources naturelles, quelles sont celles d'entre elles qui

---

[305]Ibid.

[306]Poor. R, «Notes on Property… », op. cit.

permettent d'en conserver l'usage sur le long terme, de manière pérenne et durable?

Autrement dit, comment caractériser une gouvernance permettant de compter durablement sur les éléments du monde naturel qu'on appelle de plus en plus « les ressources »?

Ostrom a conçu son modèle des communs à l'opposé de la vision de Hardin. Elle considère que ce dernier a passé sous silence des éléments essentiels dans la gestion, puis dans la gouvernance des communs. Hardin parlait certes, des biens communs, mais sans élargir pour autant, la réflexion au « monde » des communs.

C'est la raison pour laquelle, elle lui reproche de ne pas prendre en compte : la communication et la coordination entre les acteurs, le travail des institutions, le capital social (c'est-à-dire la confiance mutuelle) et les capacités des groupes à s'organiser.

Par conséquent, et contrairement à l'idée de Hardin, Ostrom a constaté empiriquement que plusieurs communs ont duré des siècles, sinon plus.

Toute la question ici est de savoir quels sont les arrangements qui peuvent favoriser ce type de relation soutenable à la ressource considérée.

Ostrom n'y voit pas de panacée, ni dans les règles d'ordre général, aussi fortes et contraignantes soient-elles, ni dans l'Etat, ni même dans l'auto-organisation communautaire.

La réponse est manifestement empirique et tient aux huit caractéristiques susmentionnées, qui incarnent à son sens, le caractère durable des communs. Ces caractéristiques ne sont pas des règles, au sens juridique du terme, mais plutôt « des limites claires tant pour le territoire au domaine ouvert, qu'en ce qui concerne l'accès aux ressources, les conditions d'implication des membres, l'existence de règles d'appropriation contextuellement adaptées, qui sont modifiables au besoin, avec une surveillance organisée, en cherchant à éviter l'abus des ressources, ce qui suppose des mécanismes de sanction graduée, ainsi que des moyens accessibles de règlement des différends »[307].

Le champ privilégié par Ostrom concernait dès le début, la gestion polycentrique des biens communs (entendus au sens de communs). C'est-à-dire des biens qui ne sont ni privés, ni publics, mais des biens/ressources fondés sur le principe du partage.

Ces cas de gouvernance polycentrique s'appliquent au fonctionnement des communs, mais s'appliquent aussi au fonctionnement de plusieurs autres organisations (entreprises, coopératives, industries du savoir et de la connaissance, etc.).

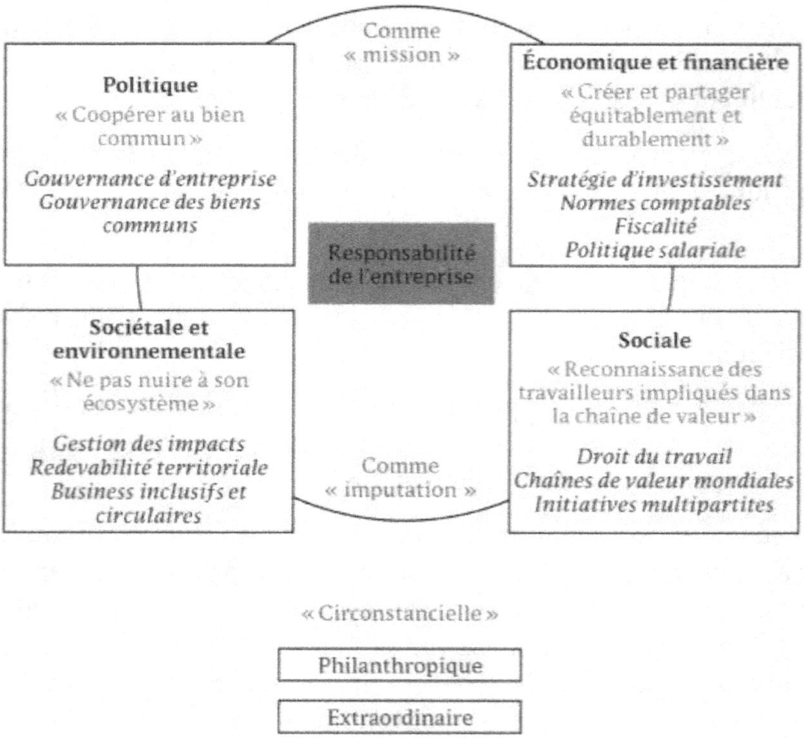

Figure 25 : La gouvernance des biens communs au service du bien commun[308]

---

[307]Létourneau. A, «La théorie des ressources communes : cadre interprétatif pour les institutions publiques», *Revue Internationale d'éthique sociétale et gouvernementale*, Vol. 17, n° 2, 2015, p. 9.

Dans ce cas de partage de ressources communes, qui emprunte aux principes de gouvernance polycentrique, Ostrom a démontré que les « systèmes de coopération de type dilemme du prisonnier (ceux de la théorie des jeux, où ce sont des règles externes qui organisent la coopération en fonction des anticipations) sont moins efficaces que les systèmes de coopération de type dilemme social, où les choix institutionnels intègrent de façon endogène, toutes les variables situationnelles, dans des processus bouclés d'action (rétroactions) sur les règles :contexte/frontières, micro-situations, apprentissage/normes, confiance, coopération, bénéfice pour soi et pour les autres »[309].

Toute prise de décision à ce niveau, est une prise de décision sur les règles :

« °-Règles sur les choix opérationnels (accès et usage),

°-Règles sur les choix collectifs (participation à la gestion de la ressource),

°-Et règles d'ordre constitutionnel, c'est-à-dire celles relatives aux conditions de modification des règles »[310].

L'objectif d'Ostrom est clair, d'un point de vue purement théorique. Il s'agit, en fin de compte, d'« accélérer la compréhension d'une théorie de l'action collective auto-organisée, afin de compléter des théories existantes de l'action collective organisée extérieurement : la théorie de la firme et la théorie de l'Etat »[311].

Le choix institutionnel est fondé sur une gouvernance par petits arrangements entre les acteurs. Car lesdits arrangements apportent de meilleurs résultats que ceux pouvant être obtenus via une règle extérieure au système.

Ostrom distingue trois grandes phases à même de conduire à ces arrangements entre acteurs :

+ Une phase de construction des informations, établie en fonction des positions et des informations sur les normes sociales partagées,

---

[308]Bommier. S, Renouard. C, «*L'entreprise comme commun. Au-delà de la RSE*», Ed. Charles Léopold Mayer, 2018, 264 p.
[309]SI&Management, «Gouvernance polycentrique: biens communs, action sur les règles, arènes de choix institutionnel», *Sans référence supplémentaire*.
[310]Ibid.
[311]Ostrom. E, «Governing the commons… », op. cit.

+ Une phase dite de « jugement informé », qui se rapporte aux coûts-bénéfices incertains et aux résultats potentiels,

+ Et une phase appelée « action sur les règles », assortie du choix de soutenir ou de ne pas soutenir, un éventuel changement de statu quo pour une règle, en fonction des informations sur les variables situationnelles endogènes[312].

C'est par conséquent « l'interconnaissance (la confiance, la coopération, l'engagement mutuel) et les capacités d'adaptation des acteurs (apprentissage, essais-erreurs) qui permettent de faire évoluer ainsi, les différentes règles du système et d'augmenter le gain collectif, avec un bénéfice tant pour soi que pour les autres »[313].

Force est de relever ici que le caractère polycentrique de la décision, procède des arrangements dans les arènes locales de discussion. La décision polycentrique qui en découle, repose alors sur l'enchevêtrement de différentes arènes de choix collectifs dans lesquels peuvent se discuter les trois niveaux de règles :

°- Les règles sur les choix opérationnels,
°- Les règles sur les choix collectifs,
°- Et les règles constitutionnelles[314].

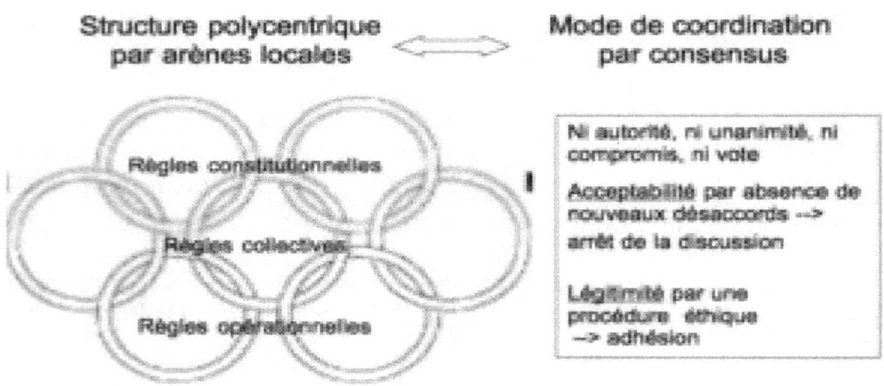

Figure 26 :L'Agir collectif : gouvernance polycentrique et coordination par consensus[315]

---

[312]Ibid.

[313] Ostrom. E, Basurto. X, «Façonner des outils pour étudier le changement institutionnel», *Revue de la Régulation*, n° 14, 2ème semestre, Automne 2013.

[314]Ibid.

Ostrom définit l'arène locale comme celle où se regroupent « des acteurs qui interagissent dans une situation d'action : un espace social où les acteurs, mus par des préférences et intérêts divers, échangent des biens et services, coopèrent, résolvent des problèmes, se dominent ou luttent les uns contre les autres »[316].

Par conséquent, seul un accès rapide et facile à une arène locale, est à même de pouvoir résoudre par consensus, un conflit sur une règle : soit le statu quo, soit l'évolution de la règle.

Le partage de la ressource commune se fait à partir d'un jeu sur ces règles, qui doit s'appuyer sur les différentes propriétés qui caractérisent une communauté auto-organisée :

+ Les relations entre les membres et les non membres de la communauté doivent être clairement définies,

+ La production de règles doit se faire en relation étroite avec la nature de la ressource à réguler,

+ Les individus affectés par une règle collective doivent pouvoir participer à la modification de la règle, et cette modification doit se faire à faible coût,

+ Les individus qui surveillent la ressource commune, doivent être choisis localement et être responsables devant la communauté,

+ Les sanctions prononcées à l'encontre des membres de la communauté doivent être graduées,

+ Les sanctions doivent obéir à un principe de subsidiarité, privilégiant le respect des règles locales,

+ Les membres de la communauté doivent avoir un accès rapide à une arène locale de choix, pour résoudre leurs conflits à bas coût,

+ Et la communauté doit être constituée d'un enchevêtrement d'arènes locales »[317].

---

[315]Fallery. B, «Du logiciel libre au management libre: coordination par consensus et gouvernance polycentrique», *Management et Avenir*, n° 90, décembre 2016, p. 144.
[316]Ibid.
[317]Cf. Ostrom. E, «Par-delà les marchés et les Etats: la gouvernance polycentrique des systèmes économiques complexes. Conférence Nobel», *Revue de l'OFCE*, n° 120, 2012, pp. 13-72.

3.2. De la gouvernance des biens numériques

Il n'y a pas de communs sans gouvernance. La gouvernance par une communauté suppose l'échange des informations nécessaires, pour prendre les bonnes décisions s'agissant du partage et de l'usage de la ressource concernée.

Une ressource commune est, en quelque sorte, un partage d'informations et de connaissances afin d'assurer une bonne gouvernance.

L'on pense même que « tout système de propriété n'est rien d'autre que de l'information : à propos de qui peut faire quoi, avec quelle ressource, pendant quelle durée »[318].

Puis, un bien n'est pas commun par nature. Il ne l'est que par le partage et l'usage. Ce dernier en définit certainement l'utilité et le mode d'appropriation qui en découlent.

Les termes « communs numériques » ou « communs de la connaissance », ont émergé du succès des projets en ligne, associés à une proximité manifeste de fonctionnement avec les communs traditionnels, dits « communs naturels ».

Mais la problématique de la gouvernance de ces communs renvoie à plusieurs éléments dont essentiellement les modalités de celle-ci, la manière dont les règles d'organisation et d'action sont produites, la question de l'utilisation effective des ressources mises à disposition des contributeurs, l'analyse des communautés qui prennent en charge ces ressources et les objectifs communs sur lesquels reposent les actions et pratiques.

3.2.1. Communs numériques et « règles » de gouvernance

La genèse, puis le redéploiement du numérique se sont caractérisés par la création de « biens publics » par les communautés d'Internet et par celles qui en font un support.

Ce processus s'est accompagné par l'émergence de formes organisationnelles significativement nouvelles, fort supportées par les nouvelles technologies d'information, notamment par le mouvement du web 2.0 à contenu ouvert.

[318] Strowel. A, «Les outils d'appropriation… », op. cit, p. 4.

Cette dynamique s'est perceptiblement traduite par la profusion d'acteurs « nouveaux », détenteurs et porteurs de droits différents et différenciés par leur nature, leur portée et leur étendue. Ce qui atteste incontestablement de l'existence d'intérêts différents des participants aux communs.

Or, « le fait que l'ensemble des participants au commun partage des objectifs et des bénéfices de leur inclusion au commun, ne signifie nullement qu'en tant qu'acteurs singuliers, les intérêts de chacun sont identiques à ceux des autres. Une dimension essentielle des protocoles et procédures internes du commun, qui règlent les droits à l'accès ou à l'usage, a précisément pour objet la mise en compatibilité des intérêts de ces acteurs distincts qui participent au commun, en partant du principe qu'ils ne sont pas nécessairement identiques »[319].

En termes de structure de gouvernance, une telle dimension est centrale, car elle induit deux conséquences d'une portée chargée d'enseignements [320]:

°- La première est que le *free riding*[321] est un comportement qui ne doit pas être exclu de la constitution ou de la conception du commun, tout autant naturel que numérique. Le respect de ces règles, formelles ou informelles, est un aspect essentiel dans le succès des communs.

Ostrom insiste d'ailleurs, dans la majorité de ses travaux sur deux types de communs : des communs « qui ont résisté au temps et qui se sont montrés capables de gérer collectivement des CPR de manière efficace, et d'autres qui, n'ayant pas su surmonter les conflits d'intérêts, se sont dissipés et ont disparu »[322].

°- La seconde conséquence est que la qualité des structures de gouvernance, c'est-à-dire les niveaux en charge de l'édiction des règles d'usage, se mesurerait à leur capacité d'arbitrage en cas de conflits ou de tensions manifestes, entre les différents partenaires impliqués dans le commun.

---

[319]Coriat. B, «Des communs fonciers aux communs informationnels: traits communs et différences», *Séminaire international* «Propriété et communs: les nouveaux enjeux de l'accès et de l'innovation partagés», Paris, 25-26 avril 2013, p. 4.

[320] Cf. pour plus de développements: Coriat. B, «Des communs fonciers aux communs informationnels… », op. cit, p. 11 et suivantes.

[321]Comportement qui consiste à ne pas respecter strictement les règles à l'usage, pour pouvoir bénéficier davantage de la ressource partagée.

[322]Ibid.

Lesdites structures sont capitales pour assurer le bon fonctionnement du commun, et garantir sa reproduction dans le temps.

De ce point de vue, « la nature et l'efficacité des méthodes de résolution de problèmes, installée dans la structure de gouvernance du commun, en constitue une dimension essentielle »[323].

Dire cela reviendrait à dire que le commun, naturel comme numérique, est une organisation au sens entier du terme. Elle est, de ce fait, constituée de connaissances, de compétences et d'intérêts qui ne sont pas nécessairement, ni toujours compatibles.

Il appartient par conséquent, à la structure de gouvernance du commun, « d'assurer le maintien de la coopération, en vue d'atteindre les objectifs partagés par les participants au commun »[324].

C'est dans ce sens que les méthodes de résolution des problèmes, par la mise en œuvre de la délibération et de l'arbitrage, jouent un rôle central pour la reproduction et la survie du commun à long terme.

Force ici est de noter que ces méthodes de résolution de problèmes « doivent inclure la gestion des conflits d'intérêts des participants au commun, y compris bien sûr les conflits d'intérêts économiques. Suivant l'efficacité des règles posées, du degré d'adhésion obtenu à leur non transgression et de la qualité des modes de résolution de problèmes mis en place, les communs se montreront inégalement stables et durables. Les coûts de coordination et de transaction peuvent se révéler plus ou moins élevés, en marche normale, comme en situations de crise ou de tensions avérées et explicites »[325].

Mais ces structures de gouvernance ne régissent pas toujours les communs selon les mêmes règles.

Car « si dans certains cas (nombre de participants peu nombreux, opérant sous le regard commun, etc.), de simples règles d'usage peuvent suffire à assurer le bon fonctionnement du commun, dans d'autres cas au contraire (participants nombreux et hétérogènes, quant à leur nature et à leurs droits, etc.), on peut penser que de véritables

[323]Ibid.
[324]Ibid.
[325]Ibid.

organes de règlement des conflits (…) sont nécessaires. Ils peuvent être requis pour assurer le bon fonctionnement des communs »[326].

C'est donc à ce niveau que s'apprécient et se mesurent l'efficacité et l'effectivité des structures de gouvernance des communs numériques :

°- L'efficacité et l'effectivité des règles d'usage que ces structures permettent de mettre en place, pour assurer la bonne marche et le bon fonctionnement du commun,

°- Puis, la qualité des problèmes appelant une résolution, pour parer aux tensions et éviter les conflits pouvant amener à des situations de crise.

Ostrom a mis largement l'accent sur ces aspects ne serait-ce que du fait que les communs opèrent généralement dans des univers complexes et multicentriques, et mettent en jeu des acteurs nombreux, aux intérêts fort divergents[327].

Il est vrai que les travaux d'Ostrom portaient sur les biens naturels (fonciers le plus souvent), et à partir d'observations empiriques. Il n'est toutefois, pas moins vrai que sa grille d'analyse pourrait aussi s'appliquer aux communs numériques, c'est-à-dire à ces ressources intangibles qui sont aussi l'objet d'accès et de partage, à travers des structures de gouvernance conçues pour ce faire.

Ces ressources intangibles sont donc largement concernées par les dispositifs de mise en commun, aussi bien en termes d'accès qu'en termes de bénéfices partagés.

Or, tout comme les communs naturels, les communs numériques sont assujettis eux aussi, à des droits, mais sur un autre type d'usage et de distribution des différentes formes de droits attachés à la propriété intellectuelle.

C'est un processus de redistribution des droits qui passe le plus souvent, par des innovations juridiques, lesquelles affectent sans nul doute les structures de gouvernance.

Ainsi, plusieurs innovations juridiques concernent les licences. Celles-ci donnent lieu à « une grande variété de types de communs distinguables suivant les règles d'usage, qui assurent leur

[326]Ibid.
[327]Ostrom. E, «Governing the commons… », op. cit.

fonctionnement et donc les objectifs partagés que se fixe la communauté des *commoners* »[328].

Mais si les communs naturels préexistaient à leurs structures de gouvernance (forêts, pâturages, etc.), il faudrait noter qu'il n'en est pas de même pour les communs numériques.

Car « l'installation et l'allocation de droits (et donc aussi corrélativement, l'installation de la structure de gouvernance qui édicte et veille au respect des règles d'usage) sont les actes fondateurs et constitutifs du commun informationnel. Avant même que son statut ne soit fixé et les droits d'accès alloués, une base de données informationnelles doit être produite »[329].

La seconde particularité des communs numériques par rapport aux communs naturels, est qu'ils ne sont pas orientés vers la conservation des ressources, mais plutôt leur enrichissement et leur développement.

C'est la raison pour laquelle, les structures de gouvernance de ces communs, tout autant que les règles d'usage les sous-tendant, traitent essentiellement des conditions de cet enrichissement et de ce développement.

Ce qu'il est convenu d'appeler « règles d'additionnalité », mettant en relation usages du commun et entités chargées de son administration, s'inscrivent pleinement dans cette perspective.

3.2.2. Des structures de gouvernance des communs numériques : cas de Wikipédia

Wikipédia est un commun de la connaissance. Il s'agit d'un lieu de partage de connaissances à l'instar d'une bibliothèque. Elle n'est pas une galerie commerciale, encore moins un support quelconque de publicité.

« Encyclopédie libre que chacun peut améliorer », Wikipédia est régie par cinq principes fondateurs, généraux et peu contraignants :

°-Encyclopédisme visant l'exactitude et excluant opinions, débats ou controverses,
°-Publications sous licence libre ouverte à tous,
°-Projet collaboratif, sujet à des règles de savoir-vivre,

---

[328]Ibid.
[329]Ibid.

°-Souplesse des règles,
°-Neutralité des points de vue[330].

Ces principes, quoi que de nature générale et indicative, portent la marque d'une organisation poussée, de règles strictes de contrôle des contenus et de structures de gouvernance qui se distinguent largement de l'apparente anarchie qui règne sur les grands réseaux sociaux dont la finalité est éminemment commerciale.

Les éléments constitutifs qui font de Wikipédia un commun numérique, tiennent pour l'essentiel à trois dispositifs :

+Un outil technologique adapté, couplé à une licence CC,
+Une organisation stricte de la communauté,
+Et une gouvernance souple, apanage de la Fondation créée pour ce faire.

Mais les caractérisations de la gouvernance de Wikipédia ne sont pas des descriptions absolument fidèles et figées. Il s'agit, bien au contraire, d'idéaux-types qui tracent une dynamique et une forme d'organisation.

Le terme de gouvernance utilisée ici, désigne « l'organisation des mécanismes de contrôle et d'orientation des pratiques rédactionnelles et relationnelles au sein de l'encyclopédie. Il englobe la définition des structures politiques et organisationnelles, des rôles formels et des règles officielles »[331].

Dans une acception plus large, le terme « intègre aussi leur mise en œuvre, de même que les mécanismes informels de régulation qui régissent les comportements wikipédiens »[332].

Quelle similitude alors avec les principes énoncés par Ostrom, pour garantir une gestion efficace et juste des biens communs naturels (forêts, prairies, dispositifs d'irrigation, zones de pêche, etc.)?

Sept des huit principes d'Ostrom, peuvent être transposés à l'encyclopédie collaborative Wikipédia [333]:

---

[330]Strowel. A, «Les outils d'appropriation... », op. cit, p. 13.
[331]Sahut. G, «La gouvernance de Wikipédia... », op. cit, p. 171.
[332] Schroeder. A, Wagner. C, «Governance of open content creation: a conceptualization and analysis of control and guiding mechanisms in the open content domain», *Journal of the American Society for information Science and Technology*, n° 63, October 2012, pp. 1947-1959.

°- Un : La congruence des règles avec la nature de la ressource (deuxième principe).

En effet, la communauté Wikipédia a réussi à créer les outils adaptés en fonction des problèmes rencontrés.

La licence *Creative Commons* et la logique du libre, permettent à Wikipédia de mettre en place une structure de gouvernance alliant liberté et contraintes :

+Ouverture à tout contributeur, mais système complexe de coopération,

+Ouverture et contraintes des outils d'édition de contenus, des licences et du respect du droit d'auteur.

°- Deux : La participation de tous à l'élaboration des règles (troisième principe), et ce même si c'est le conseil d'administration de l'encyclopédie (*Wikimédia Foundation*) composé de grandes compétences en informatique et en sciences de l'information, qui définit la stratégie, gère la marque et pilote les projets.

°- Trois : La surveillance mutuelle et transparente des participants (quatrième principe). En effet, des outils techniques sont conçus (listes de suivi) pour permettre à chaque contributeur de contrôler les évolutions d'un contenu. Les bots des logiciels ou agents automatiques, sont intégrés dans la plateforme d'édition, suppléant les contributeurs directs, pour réparer et neutraliser les acteurs pouvant affecter tel ou tel contenu, ou dégrader sa structure.

La tâche de surveillance est donc prise en charge et partagée entre les contributeurs et les artefacts techniques, ce qui constitue par ailleurs, une spécificité par rapport aux communs traditionnels décrits et analysés par Ostrom et l'école de Bloomington.

°- Quatre : Le système des sanctions est graduel, au même titre que les communs traditionnels.

En effet, « il existe dans Wikipédia, une grammaire des fautes, associée à un design de la sanction, qui sépare clairement celles qui

[333]Cf. pour plus de développements: Sahut. G, «La gouvernance de Wikipédia... », op. cit, p. 172 et suivantes.

sont dirigées contre les contenus, de celles qui sont appliquées contre les personnes »[334].

°- Cinq : Des mécanismes de résolution des conflits et des problèmes facilement à la portée. Autrement dit, « des procédures en étages, intégrant discussion et médiation, canalisent les disputes et favorisent le maintien d'une cohésion communautaire »[335].

°- Six : Une reconnaissance minimale des droits d'organisation de la communauté (septième principe). Il appartient ici à la communauté de s'auto-organiser et de s'auto-gouverner sur la base d'un certain nombre de règles internes que ladite communauté aurait érigée.

°- Sept : Dans les systèmes collectifs de grande taille, il existe une imbrication de différents niveaux organisationnels (huitième principe d'Ostrom).

En effet, « dans Wikipédia, la création de projets spécialisés dans une thématique particulière, témoigne d'un certain niveau de décentralisation, inhérent à la croissance de l'encyclopédie »[336].

La transposition des principes d'Ostrom aux communs numériques est ainsi fort significative de la nature de la gouvernance qui s'y opère.

Or, ce parallèle avec les communs naturels ne semble pas toujours suffisant, encore moins complet.

En effet, et à en juger par le premier principe d'Ostrom, les frontières entre les membres de la communauté qui ont le droit d'utiliser la ressource, et ceux qui n'en ont pas, doivent être établies de manière nette et claire.

Or, cela semble ne pas être le cas pour le document collaboratif qu'est Wikipédia : « d'une part, son usage n'est pas réservé à ses contributeurs, ceux-ci se formant d'une minorité de ses lecteurs.

---

[334] Cf. pour plus de développements: Cardon. D, «Surveiller sans punir. La gouvernance de Wikipédia», In: Barbe. L, Merzeau. L, Schafer. V (Ss. Dir),*«Wikipédia, objet scientifique non identifié»*, Presses Universitaires de Paris Ouest, 2015, pp. 15-39.

[335] Cf. Broudoux. E, «Wikipédia, objet de recherches: entre observations, expérimentations et co-constructions», In: Barbe. L, Merzeau. L, Schafer. V (Ss. Dir), «Wikipédia, objet scientifique non identifié», op. cit, pp. 55-73.

[336] Cf. Forte. A, Larco. V, Bouckman. A, «Decentralization in Wikipedia governance», *Journal of Management information Systems*, n° 26, January 2009, pp. 49-72.

D'autre part, les degrés de participation à l'utilité éditoriale sont extrêmement variables »[337].

En même temps, le principe selon lequel la participation de tous à l'élaboration des règles, ne va pas de soi. Il n'est pas garanti non plus.

Dire cela reviendrait à dire que les administrateurs de la *Wikimédia Foundation* jouent un rôle central dans la définition et dans le fonctionnement du projet.

Il est vrai que l'élaboration des règles est un aspect essentiel dans la gouvernance de Wikipédia, le consensus étant le cœur du processus décisionnel fort privilégié par la communauté de Wikipédia.

Il est vrai aussi que la procédure de vote est le plus souvent mise au-devant, lorsqu'il s'agit d'une prise de décision plus ou moins controversée. Il n'est pas moins vrai, parallèlement à cela, que la rédaction des règles est généralement précédée d'un dialogue intracommunautaire dans les pages de discussions associées.

Et il n'est pas moins vrai non plus, de dire que « la construction des règles wikipédiennes résulte d'une délibération rationnelle ouverte et d'un consensus communautaire obtenu par la négociation : le débat public n'est jamais capté par une petite minorité spécialisée »[338].

Car « la possibilité offerte à tous de participer à l'élaboration des règles, favoriserait la cohésion de la communauté et la confiance mutuelle (…). L'ouverture et la transparence des débats permettent de limiter la constitution d'un pouvoir oligarchique, notamment celui des administrateurs »[339].

Or, la réalité des faits montre que seule une ultra minorité de la communauté Wikipédia est la plus impliquée. En fait, si les administrateurs ont un simple rôle technique (celui de veiller à l'application des décisions communautaires), ils sont aussi à l'origine

---

[337]En 2006, 5% seulement des participants à l'encyclopédie francophone, ont rédigé 90% du corpus encyclopédique. Cf. Barbe. L, «Wikipédia et Agoravox: de nouveaux modèles éditoriaux?», In: Chartron. G, Broudoux. E (Ss. Dir), «Document numérique et société», *Actes de la Conférence DOCsOC*, Paris, 2006, pp. 50-65.
[338]Ibid.
[339]Koniczny. P, «Governance, organization and democracy on the Internet: the Iron law and the evolution of Wikipedia», *Sociological Forum*, n° 24, January 2009, pp. 162-192.

des principales règles ayant trait au référencement, alors que d'autres sont chargés de leur rédaction et des discussions s'y rapportant.

Il est vrai qu'ils n'ont pas le monopole « législatif » des règles de Wikipédia, mais ils ne sont pas loin de l'être, du fait qu'ils ne le partagent pas avec les contributeurs hautement expérimentés.

Les principes d'Ostrom méritent, de ce point de vue, vigilance et minutie avant d'en tenter une quelconque transposition.

3.2.3. Gouvernance des logiciels libres

Les logiciels libres sont régis par une licence libre, à l'opposé des logiciels propriétaires ou privatifs, qui sont soumis à des licences restrictives.

Pour être libre, la licence impose à tout utilisateur les quatre libertés préalables suivantes :

« °-La liberté d'exécuter le programme,
°-La liberté d'étudier le programme (son code source est ouvert, d'où le terme open source) et de l'adapter à ses besoins (correction, intégration, etc.).
°-La liberté de copier et de redistribuer les copies,
°-La liberté d'adapter le programme et de publier ses modifications pour en faire profiter toute la communauté »[340].

Or, la licence régissant la diffusion et la réutilisation du logiciel libre, ne suffit pas pour dire que ce dernier est systématiquement un commun à part entière. Il faudrait aussi que le mode de gouvernance implique l'ensemble de la communauté contribuant à ce logiciel dans les décisions à son sujet.

En même temps, la notion de communauté pose elle-même trois types d'interrogations :

°- S'agit-il de celle qui réunit les développeurs, les contributeurs ou de la communauté élargie à l'ensemble des utilisateurs?
°- Y a-t-il une différence entre les contributeurs qui sont rémunérés, et ceux dont la contribution relève du simple bénévolat?

---

[340]Mangolte .P. A, «Le logiciel libre comme commun créateur de richesses», In: Coriat. B (Ss. Dir), «Le retour des communs… », op. cit, p. 114 et suivantes.

°- Les règles varient-elles en fonction de la taille des logiciels ou des projets libres?

Au-delà des éléments de réponse pouvant être apportés ici, force est de relever que la gestion de ces projets appelle des arrangements institutionnels et des structures de gouvernance fiables.

Car « la gestion d'un projet autour d'un software précis, et sa diffusion auprès des développeurs, passent par l'établissement d'organisations structurées qui prennent souvent la forme de fondations : ainsi existent par exemple, la *Free Software Foundation*(FSF) mise en place par Richard Stallman, la fondation Apache, en charge du développement du serveur web du même nom, la fondation Mozilla autour du navigateur Firefox, etc. »[341].

Ces fondations sont structurées autour d'organisations qui génèrent assez souvent « un contrôle de type managérial et planifient le travail de développement, si bien que dans certaines communautés logicielles, les hiérarchies flexibles (sans subordination) s'installent »[342].

C'est une composante institutionnelle d'autant plus essentielle qu'elle permet de pérenniser les communs logiciels.

D'un autre côté, si les pôles de logiciels libres sont confortés par l'usage des licences et pérennisés par les systèmes de gouvernance, « les modes d'organisation de la communauté permettent de déclencher des sanctions non juridiques entre ceux qui tenteraient de s'approprier les ressources libres, en refusant de reverser le code développé à partir de celles-ci (…). La communauté peut ainsi réagir aux pratiques de l'éditeur, en restreignant les contributions et en servant la fourche du bénéficiaire de l'écosystème libre »[343].

Cela étant, on ne peut tout de même ne pas observer l'attraction perceptible du logiciel libre vers le modèle de l'entreprise privée et de la logique du marché.

[341]Strowel. A, «Les outils d'appropriation… », op. cit, p. 12.

[342]Ibid. Cf. pour plus de développements: Broca. S, «Utopie du logiciel libre. Du bricolage informatique à la réinvention sociale», *Le passager clandestin*, 2013, pp. 80-92.

[343]Ibid. Une telle pratique est comparable aux mesures de rétorsion appliquées aux communs naturels, fort analysés par Ostrom.

Car si une entreprise privée quelconque est derrière telle ou telle fondation, elle peut éventuellement faire des choix plus ou moins contraires aux souhaits des utilisateurs.

On ne pourrait donc pas faire l'économie de cette dimension institutionnelle de la participation des entreprises, ou encore des mécanismes que celles-ci peuvent potentiellement mettre en place pour contrôler la production des logiciels libres.

Ainsi, « alors que Google avait au départ, intégré plusieurs applications en logiciels libres, au lancement de sa plateforme Android, elle a depuis, cessé de contribuer au développement de la plupart de ces applications, pour plutôt développer ses propres versions propriétaires. Ce faisant, l'entreprise rend plus difficile la création d'un système alternatif (basé sur les logiciels libres) qui pourrait répandre ces applications, ce qui lui permet donc de créer davantage de dépendance vis-à-vis de ses propres services »[344].

Autrement dit, si Google s'appuie sur les logiciels libres pour développer sa plateforme et apporte également une certaine contribution, « elle canalise par d'autres moyens, les efforts des autres acteurs pour faire de ces technologies une plateforme quasi-monopolistique »[345].

Il s'ensuit que l'adhésion aux logiciels libres se fait ici par l'installation d'un contrôle induit qui, tout en respectant le libre accès au code source, en réduit considérablement la portée.

Force est de souligner à ce niveau, qu'il ne s'agit pas de décrier la volonté ou l'engagement des entreprises privées dans la production du logiciel libre. Il s'agit plutôt de mettre en lumière « des situations dans lesquelles des formes de gouvernance s'apparentent davantage aux formes privatives de régulation des ressources, qu'aux formes communes décrites par Ostrom »[346].

Il s'ensuit que contrairement à la vision originale des communautés des logiciels libres, les formes de gouvernance de celles-ci, reposent

---

[344] Amadeo. R, «Google's iron grip on Android: controlling open source by any means necessary», *AJS Technica*, October 28, 2013.
[345] Ibid.
[346] Couture. S, «Le contrôle des communs numériques à des fins commerciales… », op. cit.

sur la mainmise de ses fondateurs, ainsi que de quelques collaborateurs de confiance.

L'on note, à ce niveau, que l'un des principes de la gouvernance des communs tels que développés par Ostrom, n'est pas respecté, car les communautés affectées par les règles entourant le bien commun, ne peuvent pas dans ce cas précis, participer à la modification des règles.

Par ailleurs, la question qui revient, s'agissant de la gouvernance des projets de logiciels libres, est celle de l'action collective. Car il faudrait savoir si on pourrait justement ranger des projets dans le domaine du libre, au moment où le pouvoir d'orientation est, en grande partie, entre les mains des entreprises privées et des sociétés commerciales.

On serait incontestablement tenté de dire à ce propos, que l'on a bel et bien affaire à une forme de gouvernance privée, plutôt qu'à une quelconque gouvernance collective.

En même temps, une question centrale se pose : le contrôle qu'exercent certaines entreprises privées sur les logiciels libres, est-il de nature à mettre en péril le statut de bien commun de ces derniers, tout autant que de l'ensemble de l'écosystème des logiciels libres?

On pourrait admettre, à priori, que « le libre accès au code source permet des dynamiques de contre-pouvoir inter-communautés qui s'expriment par exemple, par ces dynamiques de fourches entre projets »[347].

Mais, en critiquant le rôle des entreprises dans la production des logiciels libres, il est difficile de conclure à l'existence d'un contrôle corporatif de l'écosystème du libre dans son ensemble.

C'est la raison pour laquelle, il faudrait analyser ces dynamiques en cours, qui sont faites de nouvelles formes de contrôle et d'enclosure par certains de leurs aspects, et ce même si lesdites dynamiques respectent certains principes de libre accès aux ressources communes, le libre accès au code source par exemple, n'étant pas un critère suffisant pour qualifier un logiciel libre de bien commun.

[347]Couture. S, «Le contrôle des communs numériques… », op. cit.

3.3. De la neutralité d'Internet ou de la gouvernance d'un commun numérique

Le principe de la neutralité d'Internet est l'objet de grands débats[348]. Ceux-ci montrent la manière dont le réseau des réseaux est perçu, puis défendu comme un bien public, mais montrent aussi comment il est soumis à de nombreuses tentatives d'appropriation commerciale, de contrôle et à des dynamiques qui s'assimilent à ce que la théorie des biens communs appelle « les enclosures ».

Cette situation tient pour l'essentiel à l'écosystème originel au sein duquel l'Internet est né et s'est développé.

En effet, « dans la première phase de constitution de cette technologie, les opérateurs et les sociétés du numérique ont développé leurs activités dans des secteurs segmentés, ce qui a nourri la dissociation entre d'une part, une propriété matérielle des supports et de l'infrastructure du net, et d'autre part, la propriété immatérielle des contenus intéressant l'usager et de certaines inventions comme les algorithmes, les logiciels, etc. »[349].

Ceux qui défendent la neutralité d'Internet « militent » pour que ce dernier demeure, comme à l'origine, libre, ouvert et incubateur d'innovation technologique. Ils rejoignent par-là, de nombreuses dimensions de la philosophie des communs.

Ceux, dont fondamentalement les opérateurs, qui défendent l'argument contraire, estiment que ladite neutralité serait de nature à contrecarrer les initiatives et à déstabiliser la concurrence, seule source, dit-on, de qualité et de compétitivité.

3.3.1. La gouvernance d'Internet comme gouvernance d'une ressource commune

Le terme de gouvernance est polysémique. Il prête aussi à confusion, notamment lorsqu'il est rattaché au concept de *corporate governance*, propre à la théorie de l'agence et aux racines entrepreneuriales, commerciales et financières de la théorie de la firme.

---

[348] Cf. El Yahyaoui. Y, «*De la gouvernance des réseaux numériques: cas de l'Internet au Maroc*» (Thèse), Ed. Okad, Rabat, 2011, 452 p.

[349] Chaingneau. A, «Propriété et souveraineté de l'Internet: la maitrise d'une infrastructure», In: Netter. E (Ss. Dir), «Les biens numériques», *Centre de droit privé et de sciences criminelles d'Amiens (CEPRISCA),* 2015, p. 18.

Il faudrait alors aller au-delà d'une gouvernance restreinte, vue comme une ontologie de l'entreprise, pour embrasser une gouvernance plus élargie, présentée comme une ontologie de l'organisation[350].

Car « l'institution Internet » est aux confluences de trois grandes logiques, dont les implications en termes de gouvernance doivent être élucidées : une logique de bien public, une logique de bien privé et une logique de ressource commune limitée.

°°- Dans ses nombreux travaux sur les communs, Elinor Ostrom met en perspective une série de concepts théoriques fondateurs, qui sont essentiels pour comprendre les règles qui régissent ou qui doivent régir l'Internet en tant que bien commun : auto-gouvernance, arrangement institutionnel, auto-organisation, action collective, surveillance mutuelle, règles locales, etc.

Mais certains de ces concepts, notamment ceux ayant trait aux situations d'action collective et d'auto-organisation, sont relativement loin de la problématique de la gouvernance de l'Internet telle qu'elle est en vogue, et ce pour deux raisons principales : la taille de l'organisation d'une part, le caractère limité des ressources communes d'autre part.

En effet, les situations repérées et analysées par Ostrom sont des situations de ressources communes de petite taille, facilement observables et peuvent faire l'objet d'une organisation déterminée. Ce qui n'est certainement pas le cas d'Internet dont la taille appartient à ces systèmes complexes difficiles à appréhender, quoi que pouvant être observées.

Par ailleurs, dire que la problématique d'Internet est une problématique de ressources communes limitées, reviendrait à dire qu'il ne pourrait que relever d'une logique d'appropriation, qui sous-tend un régime de propriété loin de celui mis au-devant par la théorie des communs.

C'est dans ce sens que l'on présente la dynamique d'institutionnalisation d'Internet, perçue comme une accentuation de la concurrence, pour en faire le moteur d'un Internet de marché

---

[350] Cf. Pesqueux. Y, «*Gouvernance et privatisation*», Presses Universitaires de France, Paris, 2007, 264 p.

libéralisé et à forte teneur de globalisation. En témoignent ici largement les pratiques des industriels, des exploitants et des gouvernements, pour forger encore davantage le chemin vers un Internet marchand.

En effet, « dans une vision strictement économique de la propriété intellectuelle, les détenteurs de portefeuilles de brevets (Google, Microsoft dans les sciences de l'artificiel, Monsanto dans les sciences du vivant) revendiquent aujourd'hui un droit à la propriété de la connaissance (un brevet sur les algorithmes, un brevet sur le double-clic, etc.) »[351].

°°- On pourrait aussi lire la dynamique d'institutionnalisation d'Internet comme le reflet d'une dynamique de ressources dont les protocoles et les codes associés, ont été, de tout temps, et dès l'origine, ouverts.

Bien plus encore, le choix du domaine public animait fortement Tim Berners-Lee, consistant à faire du web un média collaboratif et un espace d'écriture ouvert à tous.

Autrement, « les premiers acteurs de l'Internet, aussi bien les ingénieurs et les techniciens que les journalistes spécialisés, étaient tous convaincus des vertus intrinsèquement démocratiques de la libre circulation de l'information, laquelle est censée réduire les asymétries de pouvoir, accroitre la connaissance et, ce faisant, la capacité d'action (*l'empowerment*) des individus »[352].

Dans cette perspective plus large, cette dynamique d'institutionnalisation a généré un espace mondialisé et ouvert d'expression et de mutualisation.

Autrement dit, « aux couches basses des infrastructures technologiques pensées comme un commun, s'est superposée la couche haute des communs informationnels et cognitifs »[353].

°°- Objet d'une logique de bien privé, puis de bien public, la dynamique d'institutionnalisation d'Internet peut être aussi lue dans le

---

[351]Cf. Aigrain. P, «Cause commune… », op. cit.

[352]Peugeot. V, «Internet est-il un (bien) commun?», *Enjeux numériques*, n° 4, décembre 2018, p. 15.

[353]Ibid.

cadre d'une logique de ressources communes limitées, appelant, par conséquent, gouvernance et régulation.

Deux domaines sont généralement retenus pour décrire une telle situation : les noms de domaine et la bande passante.

En effet, le volet des noms de domaine dans l'Internet est un domaine caractérisé par sa rareté. Car, aujourd'hui, seuls treize serveurs racines gèrent la base DNS, assurant ainsi la conversion des adresses IP numériques par pays et par genre (.org, .net, .com, etc.). Par conséquent, l'ensemble des routeurs du monde sont contraints de copier sur ces treize serveurs racines, les arbres de nommage qui s'y trouvent.

Certes, « le nouveau protocole IP V6 lèvera la contrainte de rareté sur les adresses numériques, mais le nombre de mots du langage naturel à partir duquel il est possible de créer des adresses signifiantes, est limité, et ceci continuera à poser d'importants problèmes de conflit d'intérêts »[354].

La seconde ressource rare est la bande passante disponible. Il s'agit d'une ressource commune, qui n'est la propriété de personne. Or, les opérateurs de télécommunications qui réclament un Internet à deux vitesses (l'un à haut débit, surfacturé à certains usagers, l'autre à bas débit pour certains usages) ne font pas un tel choix, qui remet en cause un principe fondateur d'Internet : celui d'économiser une ressource difficilement reproductible, et fortement demandée pour le redéploiement des produits et des services nouveaux.

Cela est d'autant plus dommageable que l'énergie consommée par Internet, représente aussi une ressource rare. La préoccupation centrale concerne ici par exemple, les serveurs ou centres de données dont la consommation en énergie est extrêmement élevée[355].

Dans ce contexte, fait de rareté et de tentations d'appropriation, la notion de neutralité d'Internet est de plus en plus promue. Elle est considérée comme une garantie fondamentale d'une ouverture et d'un

---

[354]Aigrain. P, «Cause commune… », op. cit.

[355]L'on estime qu'un datacentre de 10000 m2, contenant entre 10 et 20 serveurs, pourrait consommer autant qu'une ville moyenne de 50000 habitants. Cf. Syntec Numérique, «Datacenters et développement durable: état de l'art et perspectives», *Livre Vert*, juin 2011, 21 p.

accès des professionnels comme des usagers ordinaires, à l'ensemble des ressources disponibles sur la toile.

La notion de partage est centrale de ce point de vue. Mais ce partage reste conditionné par le sort d'Internet lui-même, celui d'être l'objet de vives confrontations de deux formes accrues de maîtrise : « le développement d'un exclusivisme des opérateurs par des droits privatifs sur les différentes activités du réseau, et l'affirmation de souverainetés étatiques qui veulent insuffler une logique territoriale qui influe sur le réseau et ses contenus »[356].

En même temps, et partant des droits de l'usager navigant sur la toile, il est fort malaisé de raisonner en termes de propriété. Ledit usager n'a, de ce fait, ni statut spécifique, ni maîtrise sur le dispositif à sa disposition.

En fait, du point de vue de l'usager, « l'Internet forme un espace dont la structure échappe largement à sa maitrise. Invité à surfer sur le web, il aura accès à des produits commerciaux clefs en mains, des plateformes ou des sites d'achat qui coexistent avec par exemple, des licences libres ou *Creative Commons*. Le statut distinct de ces entités suppose de sa part, un engagement variable, mais ne permet aucune possession »[357].

Ainsi, la contribution libre de l'utilisateur se fait généralement en échange d'un accès illimité, et par conséquent de la possibilité de diffuser librement ses contenus. L'on assiste ici à une propriété ouverte dont le contenu s'enrichit par l'usage commun, mais « seul le créateur de la licence en détient véritablement des droits »[358].

3.3.2. Gouvernance et formes de régulation d'Internet

Lorsqu'on parle de la gouvernance d'Internet, l'on parle précisément de cet ensemble de structures qui participe à sa régulation : Etats, entreprises, organisations inter et non gouvernementales, acteurs de la société civile, collectifs et organismes spécialisés, etc.

Au sein de tout ce dispositif, les règles, tant formelles qu'informelles, ont une place particulière. Par conséquent, « sans l'enchevêtrement de légitimités de natures différentes, le processus institutionnel d'Internet

---

[356]Chaigneau. A, «Propriété... », op. cit, p. 17.
[357]Chaigneau. A, «Propriété... », op. cit, p. 19.
[358]Chardeaux. M-A, «Le droit d'auteur et Internet... », op. cit, p. 10.

est marqué par les interactions/confrontations/compromis entre les règles de droit produites par les Etats et les organisations intergouvernementales (lois, conventions, sanctions, etc.), et les nouvelles petites institutions qui se développent (par l'action des entreprises ou à l'opposé, par l'activisme civil : chartes, codes, consortiums, forums, etc.) »[359].

La construction de la gouvernance, tout autant que des formes de régulation de l'institution Internet, puisent leur racine dans la nature des rapports de force établis ou qui s'établissent entre les différentes parties prenantes. La question des différentes légitimités en présence s'impose à ce niveau, avec force.

Les grandes entreprises ont, face à elles, un dispositif institutionnel et réglementaire avec lequel elles doivent composer, puis d'autres organismes et institutions spécialisés dont la conception n'est pas toujours de même ordre que celle de ces entreprises, puis des organisations non gouvernementales qui plaident pour une gouvernance de l'Internet ouverte et démocratique.

L'on a donc affaire à une dynamique institutionnaliste d'Internet, partagée de bout en bout entre les tenants d'une concurrence moindre, quitte même à « désinstitutionnaliser » le dispositif dans son ensemble, et les protagonistes d'un rééquilibrage démocratique avec un penchant pour un Internet hiérarchisé et contextualisé.

De ces différentes légitimités, tantôt tacites tantôt explicites, émergent trois modèles de régulation dont il faudrait apprécier la portée :

°- Un modèle d'auto-régulation libéral et libertaire. C'est le modèle qui a accompagné la genèse, puis l'évolution de l'institution Internet, c'est-à-dire les étapes de recherche collaborative entre l'université, l'institution militaire et les industriels.

Dans cette première forme de régulation, « les contraintes collectives, relativement bien établies et reconnues, n'émanent pas directement des Etats : auto-régulation spontanée par des normes privées (dans des communautés comme le W3C par exemple) ou auto-régulation déléguée (dans le cas de l'ICANN par exemple) »[360].

---

[359]Rodhain. F, «Gouvernance d'Internet, gouvernance de Wikipédia: l'apport d'E. Ostrom sur l'action collective auto-organisée», *Management & Avenir*, n° 65, juillet 2013, p. 176.
[360]Rodhain. F, «Gouvernance d'Internet…», op. cit, p. 177.

Il s'agit là d'une auto-régulation qui apparait comme une technique juridique de création de règles, sauf que ces dernières sont élaborées par les destinataires eux-mêmes de ces règles.

La formule du consensus est généralement la voie privilégiée, et la norme proposée ne pourrait être retenue qu'après débats et validation de la part des parties prenantes.

Il s'agit là manifestement d'un mode d'action et de fonctionnement collectif, qui ne s'apparente nullement à celui classiquement retenu par les Etats.

Or, la réalité des faits montre qu'il n'est malheureusement pas le cas par rapport à la perception originelle des pionniers. En effet, ce qu'il est convenu d'appeler « chartes de bonne conduite », « principes fondateurs » ou encore « nétiquette », ne sont plus des dispositifs contraignants, encore moins coercitifs.

Les règles d'auto-discipline qu'ils se sont mis à instaurer des décennies durant, sont « toujours susceptibles d'être transgressées, en fonction d'intérêts très divergents (par exemple, les grandes entreprises dans le cas des droits de propriété ou (…) les Etats dans le cas de la sécurité) »[361].

En conséquence, ce modèle qui cherche à contourner le rôle des Etats dans la protection de quelques intérêts catégoriels, ne pourrait être effectif, car il renoue avec les procédés de marché et les logiques de concentration et de monopole.

°- Le second modèle est dit modèle institutionnel de co-régulation. Il prône le maintien de l'Etat, à côté d'une pluralité d'acteurs chargés de définir les formes de régulation et les modalités de leur mise en œuvre effective.

En effet, la co-régulation se veut ici comme « une voie médiane entre trop d'Etat et trop de liberté, la société étant confrontée à deux risques nouveaux : celui d'un Internet hors des lois et celui d'un Internet uniquement marchand »[362].

---

[361]Rodhain. F, «Gouvernance d'Internet… », op. cit, p. 178.
[362]Ibid.

Il ne s'agit pas là de définir les réglementations des secteurs qui sont déjà soumis à des dispositifs normatifs, mais plutôt d'inscrire le rôle de l'Etat dans le cœur du dispositif.

Or, une telle forme de co-régulation se heurte à des obstacles divers, tenant d'abord à la prédominance des pratiques marchandes par rapport aux pratiques publiques, ensuite à la mainmise directe dont elles disposent et du niveau des pressions qu'elles peuvent exercer, enfin à « l'absence de vrais débats dans cette co-régulation, sur les protocoles et standards techniques d'Internet, au nom de l'efficacité technologique : la normalisation s'opère alors largement ex post et de façon cumulative, sous la pression des industriels, des prestataires de services (...) et aussi des utilisateurs (comme dans le cas de la téléphonie IP ou de celui de la copie privée, etc.)[363].

A côté de ces obstacles, la co-régulation connaît par ailleurs, des limites qui tiennent à la nature même de l'institution Internet.

Car au-delà des évolutions technologiques de plus en plus rapides, il y a lieu aussi d'indiquer l'évolution des pratiques et des usages. Ladite co-régulation demeurera, à terme, conditionnée par le comportement des usagers, tout autant que par le milieu créatif des ingénieurs et des industriels.

°- Le troisième modèle est dit « modèle hiérarchisé de la multi-régulation ».

C'est un modèle qui apparait « comme une réponse à l'insuffisance d'une auto-régulation dominée par les questions soi-disant purement techniques, et à l'inefficacité de la co-régulation au sens démocratique du terme »[364].

La réflexion est menée ici en termes de hiérarchie dans la conception de la régulation et dans l'élaboration des règles.

Plusieurs niveaux sont identifiés dans cette hiérarchie :

+ Un premier niveau, constitué autour de multiples cadres institutionnels privés qui «peuvent élaborer leurs situations collectives de coordination (sanctions comprises) dans les trois champs

---

[363]Ibid.

[364]Cf. Brousseau. E, «Régulation de l'Internet: l'auto-régulation nécessite-t-elle un cadre institutionnel?», *Revue Economique*, septembre 2001.

problématiques : infrastructures du réseau, grands services sur Internet et applications pratiques»[365].

Il s'agit, à ce niveau, «de favoriser au maximum l'interaction récurrente, l'auto-évaluation, les compétences collectives, les certifications (…), mais aussi la culture d'usage des acteurs, la réversibilité dans l'ajustement routinier, les consensus apportés, la représentativité et la transparence de fonctionnement»[366].

+ Un second niveau, constitué par une instance de régulation qui doit pouvoir régler les conflits entre ces normes privées : « encadrement institutionnel, mesure des externalités liées aux comportements de chaque communauté, culture politique du bien commun, visant à maintenir l'ouverture du réseau face aux détournements possibles, asymétrie du collectif par rapport aux intérêts particuliers, enjeux éthiques à venir, qui pourraient mettre en cause la communauté humaine, etc. »[367].

C'est donc une formule hiérarchisée de la multi-régulation, au sein de laquelle l'instance n'aura pas pour fonction de sanctionner réglementairement, mais de « favoriser des mécanismes incitatifs pour une réflexivité durable et une capacité d'anticiper de nouvelles formes de coopération »[368].

Il s'agit en somme, de « faire fonctionner à la fois l'auto-régulation libertaire et la co-régulation institutionnelle, en fonction des questions, des besoins et des niveaux »[369].

3.3.3. Ostrom et la problématique de la multi-gouvernance d'Internet

Toute la réflexion d'Elinor Ostrom était guidée par la nécessité « d'accélérer la compréhension d'une théorie de l'action collective auto-organisée, afin de compléter des théories existantes de l'action collective organisée extérieurement : la théorie de la firme et la théorie de l'Etat »[370].

---

[365]Ibid.
[366]Ibid.
[367]Ibid.
[368]Ibid.
[369]Ibid.
[370]Cf. son ouvrage fondateur: Ostrom. E, «Governing the commons… », op. cit, p. 45 et suivantes.

La notion d'action collective qu'Ostrom a mobilisée pour ses études de cas empiriques des communs naturels, semble trouver une certaine analogie avec la notion d'action collective auto-organisée dans l'institution Internet.

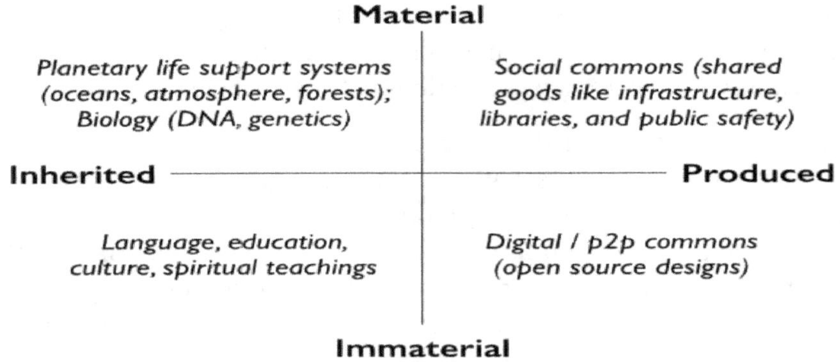

Figure 27 : **Histoire et évolution des communs**[371]

La pluralité des acteurs et des niveaux de gouvernance et de régulation, justifierait par conséquent une multi-régulation auto-organisée, faisant appel à une certaine forme de contrôle social et garantissant « une nécessaire réflexivité des choix » [372]:

°°- Dans un système auto-organisé, la légitimation du contrôle social est assurée par l'articulation de trois niveaux de règles de choix : règles de choix opérationnels, règles de choix collectifs et règles dites constitutionnelles.

Ainsi, dans l'institution Internet, c'est bien «au niveau opérationnel que se définissent et s'appliquent les règles de normalisation techniques et comportementales (standards, nétiquette, etc.), notamment grâce aux consensus approchés».

Les règles de choix collectifs concernent, quant à elles, «la régulation des conflits (droits de propriété, sécurité, etc.), conflits entre les règles de droit produites par les Etats, et les règles posées par les grandes

---

[371]Bauwens. M, «The history and evolution of the commons», *Commons Transition*, September 19, 2017.

[372]L'expression est empruntée à: Rodhain. F, «Gouvernance d'Internet... », op. cit, p. 123. Les éléments contenus dans ces développements sont empruntés à la même source.

entreprises ou promues par les nouvelles petites institutions (consortiums, associations, forums, activisme des usagers, etc.)»[373].

Quant aux règles de nature constitutionnelle, ce sont «celles qui posent aujourd'hui problème, en l'absence de légitimité d'une instance ultime (règles pour la mesure des externalités, pour le maintien de l'ouverture du réseau, pour les enjeux éthiques, etc.)».

Ainsi, dira Ostrom, « la stratégie clef des individus auto-organisés et auto-gouvernés pour faire face aux problèmes auxquels ils sont confrontés sur le terrain, consiste à aller et venir entre les différents niveaux »[374].

Dans le cas de Wikipédia par exemple, l'on constate que c'est au niveau opérationnel que se définissent et se mettent en application les règles de surveillance collective, les pages de discussion étant l'espace dédié à cette tâche.

En même temps, les règles de choix collectifs qui concernent la régulation des conflits d'édition, sont celles qui garantissent les processus de négociation par consensus ou par arbitrage. Elles visent, pour l'essentiel, à corriger les comportements et à éviter les incohérences.

D'un autre côté, les règles d'ordre constitutionnel visent principalement à définir les sanctions à l'encontre des individus, par le biais d'une structure des administrateurs ad-hoc.

L'on constate donc manifestement qu'aussi bien pour le cas général de l'institution Internet, que pour celui de Wikipédia, les principales propriétés qui portent sur l'ouverture des communautés telles que décrites par Ostrom, trouvent de réels points d'ancrage :

°- Les relations entre les membres et les non membres de la communauté doivent être clairement définies,

°- La production de règles doit se faire en relation étroite avec la nature de la ressource à réguler,

---

[373]Pour Ostrom, «les règles influençant les choix opérationnels sont édictées dans un ensemble de règles de choix collectifs, qui s'inscrivent elles-mêmes dans le cadre d'un ensemble de règles constitutionnelles».
[374]Ostrom. E, «Governing the commons… », op. cit, p. 72.

°- Les individus affectés par une règle collective, doivent pouvoir participer à la modification de la règle, et cette modification doit se faire à faible coût,

°- Les individus qui surveillent la ressource commune doivent être choisis localement, et être responsables devant la communauté[375].

Il en est de même pour les propriétés relatives aux sanctions prévues :

+ Les sanctions prononcées à l'encontre des membres de la communauté doivent être graduées,

+ Les sanctions doivent obéir à un principe de subsidiarité, privilégiant le respect des règles locales.

Deux remarques essentielles doivent cependant être faites à ce niveau :

°- Dans l'institution Internet, les sanctions n'émanent que des gouvernements ou de la justice, mais celles s'inspirant des « lois du marché », sont généralement les plus effectives. L'on n'y trouve pas de procédures fermes, encore moins coercitives pour « punir » les contrevenants,

°- S'agissant de Wikipédia, l'on note par contre l'existence de procédures graduées, « privilégiant l'apprentissage plutôt que la punition, depuis le simple signalement local et amical d'une erreur de comportement, jusqu'au bannissement de rares saboteurs ou provocateurs ».

Il faudrait noter, d'un autre côté, que cette multi-régulation se construit fondamentalement grâce à l'intérêt porté aux différentes arènes au sein desquelles s'élaborent les règles, mais aussi grâce à la dynamique d'articulation desdites règles.

C'est à ce niveau, que la communication nécessaire pour assurer le partage de la ressource commune, trouve sa pleine justification.

Ostrom en détaille la consistance dans les deux dernières propriétés (7 et 8) de son canevas :

---

[375]Cf. pour plus de développements: Cardon. D, Level. J, «La vigilance participative. Une interprétation de la gouvernance de Wikipédia», *Réseaux*, n° 154, février 2009, pp. 51-89.

+ Les membres de la communauté doivent avoir un accès rapide à une arène locale, pour résoudre leurs conflits à bas coût,

+ Que la communauté soit constituée d'un enchevêtrement de niches locales.

L'originalité d'une telle démarche consiste en l'accord sur les procédures collectives et les débats délibératifs devant définir et formuler les problèmes, puis envisager les solutions à même de résoudre lesdits problèmes.

S'agissant de l'institution Internet, il faudrait noter qu'au sein de ces arènes (faites de régions et de zones d'expertise), plusieurs niveaux se juxtaposent :

« + Les grands consortiums de niveau plutôt opérationnel, comme *l'IEEE* pour les réseaux, le *W3C* pour les langages, *l'ICANN* pour les noms de domaine, *l'EPC* Global pour les codes-barres, etc., ou plutôt institutionnel comme l'ISOC qui regroupe à elle seule, 28 000 personnes venant de 170 pays, plus de 80 organisations et 90 filiales réparties dans le monde,

+ Les organisations inter-gouvernementales de niveau opérationnel comme *l'ISO*, l'UIT, etc., ou plus institutionnel comme l'Unesco, les IGF *Internet Governance Forum*, etc.

+ La société civile de niveau opérationnel, comme les communautés de développement, les communautés de pratiques, ou plus institutionnel avec les associations d'usagers[376].

Ces différents niveaux d'arènes dans l'institution Internet ne peuvent, par ailleurs, tirer leur légitimité que via les voies de fonctionnement transparent et de démocratie directe, parmi les parties prenantes, comme à l'égard des éventuels nouveaux venus.

Autrement dit, une culture de la sécurité collective et de la solidarité doit être valorisée comme étant un intermédiaire indispensable «entre une culture d'usage (celle de l'agrégation des compétences) et une culture politique (celle d'une charte d'Internet dont un niveau ultime serait le garant»[377].

---

[376]Cf. pour plus de développements: Fallery. B, Rodhain. F, «Fondements théoriques pour une régulation d'Internet: la légitimation faible et la réflexivité forte», *Systèmes d'information et de Management*, Vol. 16, n° 4, décembre 2010.
[377]Ibid.

Il faudrait noter, en somme, que les travaux d'Ostrom et de l'école de Bloomington n'ont pas porté sur l'institution Internet, encore moins sur les réseaux numériques. Mais la théorie des choix institutionnels qu'elles ont érigée pour les communs naturels, est fort fructueuse pour les études et les politiques de régulation d'Internet.

Les concepts d'auto-organisation, de légitimation faible des différents acteurs, d'arènes locales, etc., sont des entrées intéressantes pour envisager la gouvernance et la multi-régulation de l'institution Internet.

Conclusion générale

1. Pendant plus de trente ans, Elinor Ostrom, fondatrice de l'école de Bloomington, a arpenté plusieurs régions du monde, en Europe, en Asie, et en Amérique, à la recherche de ces formes spécifiques, mais méconnues, d'organisation humaine que constituent les biens communs.

Elle a démontré, études de cas empiriques à l'appui, leur profondeur historique, tout autant que leur incroyable modernité.

Aujourd'hui, quelques années seulement après la disparition d'Ostrom, les communs apparaissent comme un champ fécond de recherche, mais aussi un « horizon de sens » dont plusieurs pratiques collectives se revendiquent.

Les communs, dans l'esprit d'Ostrom, sont un édifice au cœur duquel réside une ressource naturelle, qu'il s'agisse d'une rivière, d'une forêt, d'une pêcherie ou d'un système d'irrigation.

Mais cette ressource appelle une gestion, une organisation et une action collective, en vue non seulement de la protéger et de la mettre à l'abri des dégradations, mais aussi de la développer et de la faire fructifier.

Elle appelle donc un système de gouvernance et de régulation, avec un régime de « propriété » dit « régime collectif de droits et d'obligations ».

Dire cela reviendrait à dire que ladite ressource n'obéit pas aux principes de la propriété privée, ni à ceux de la propriété publique non plus, et à ce titre, personne ne pourrait en revendiquer l'exclusivité.

Seule la communauté des individus, en l'occurrence ceux qui ont un intérêt direct dans la protection et l'épanouissement de la ressource, disposent de droits sur elle et assurent des obligations à son égard : droit d'accès, droit de prélèvement, obligations de la protéger contre les intrusions des tiers et obligations de la pérenniser et la développer dans le temps et dans l'espace.

Seul le droit d'usage est ainsi permis, puisqu'il s'agit d'une ressource inaliénable et appartenant à la communauté toute entière. Mais cette ressource n'est pas seulement un régime collectif ou une propriété incessible. C'est aussi un système de gouvernance en vertu duquel seule la communauté auto-organisée, est habilitée à en définir les règles, à les faire respecter et à en sanctionner le non-respect.

Partant de cas empiriques qu'elle a, des années durant, observés et analysés, Ostrom a mis en place un jeu de huit principes, qu'elle juge nécessaires pour préserver et faire fructifier la ressource :

+Des frontières clairement définies,

+Des règles régissant l'usage des biens collectifs répondant aux spécificités locales,

+La possibilité pour les membres de la communauté de participer à la modification de ces règles,

+Le respect par les autorités extérieures de ce droit des communautés à élaborer leurs propres règles,

+Un système de contrôle des comportements des membres,

+Des sanctions graduelles pour les contrevenants,

+Des dispositifs de résolution de conflits facilement accessibles et à faible coût,

+Et une organisation en strates différentes et imbriquées des règles précédentes, pour les ressources qui sont des sous-ensembles de systèmes plus vastes.

Le commun se définit donc par l'articulation et la « mise en commun » des trois grandes dimensions qui le composent : une ressource, un régime collectif et un système de gouvernance.

C'est la raison pour laquelle, les anglo-saxons préfèrent l'usage du terme *commons* en lieu et place du terme « bien commun », pour la simple et réelle raison que le second met l'accent sur le bien, c'est-à-dire les ressources, et n'englobe pas les autres dimensions de la trilogie, encore moins leur articulation ou la dynamique collective qu'elle induit.

2. Si la plupart des travaux ultérieurs à ceux d'Ostrom et de l'école de Bloomington, restent marqués par les communs naturels, il faudrait noter qu'ils ont aussi trouvé un écho dans la construction et le succès des communs numériques.

En effet, se voulant un dépassement des logiques de propriété, de marché et d'enclosures installées par les Etats, suite aux mouvements de déréglementation, de dérégulation et de privatisation, le mouvement des communs numériques (encyclopédies universelles, logiciels libres, etc.) a contribué à un retour en force des communs dans la pensée et dans l'action.

Qu'ils se revendiquent de la pensée des communs numériques ou non, l'on voit des dizaines de milliers d'individus se mobiliser, en temps et en compétences, pour développer de nouveaux logiciels libres, partager des millions de données, sous licence *Creative Commons*, approvisionner volontairement le fond cartographique libre d'Open Street MAP, contribuer activement à l'encyclopédie multilingue en libre accès Wikipédia, etc.

Quoi que dématérialisés, ces « communs de l'esprit » sont animés par un souci de participation, de contribution et de partage.

Ce sont donc des communautés dispersées sur tous les continents qui les gèrent et veillent à leur production et leur développement. Ils appellent, par conséquent, une forme de gouvernance qui leur soit spécifique, c'est-à-dire une gestion auto-organisée n'incluant que les individus véritablement intéressés par la préservation et le développement de la ressource.

Or, comme pour les communs naturels, les communs numériques peuvent eux aussi, faire l'objet d'un processus de récupération de la part de l'Etat ou du marché, mais surtout de la part des grandes entreprises qui pourraient procéder elles aussi, des mêmes structures que les communs.

En effet, les grandes entreprises créent, à leur tour, des communautés d'usagers ou de consommateurs pour en tirer des avis, des suggestions et des opinions sources d'améliorations techniques.

Le capital est ainsi capable d'organiser des formes de coopération et de partage à son profit. Ce qui dénote de sa capacité à contourner les structures de gouvernance et de régulation originelles.

C'est le cas par exemple, des plateformes marchandes dont la tentation est grande, et réelle de surcroît, de détourner et de capturer pour leurs intérêts, les dynamiques collaboratives existantes ou en gestation.

C'est pour dire qu'il est peu de projets libres qui ont réussi à acquérir une ampleur importante qui ne soient restés, de près ou de loin, à l'abri de l'innovation marchande.

Ceci est d'autant plus vrai que les communautés du logiciel libre par exemple, se sont placées, de par la force des choses, dans une situation de fragilité, puis de dépendance, en choisissant de recourir pour se coordonner, à des infrastructures faciles à capturer par le capital.

Dans le même temps, et même si ces communautés ont acquis de l'importance, en termes de créativité et d'innovation, au point que même un grand acteur comme Microsoft (géant du logiciel propriétaire) ne peut les ignorer, il faudrait noter qu'elles n'ont pas pu garantir leur pleine indépendance et ce pour deux raisons principales :

+Parce que leurs développeurs qui sont salariés par les grandes entreprises, sont majoritaires,

+Et parce que nombreux sont les logiciels libres qui sont plus ou moins dépendants des plateformes numériques centralisées.

Il est vrai que le risque est mineur pour Wikipédia, dont la *Wikimédia Foundation* paraît plus résiliente, puisqu'elle ne gère que les serveurs sur lesquels sont hébergés ses contenus et ce sans en avoir la propriété, mais l'appel en faveur du financement de l'encyclopédie, émanant de Google ou de Facebook, risque à terme, d'aliéner ses choix.

C'est pour dire que les communs numériques peuvent devenir de simples communs du capital s'ils n'assurent pas les moyens de leur indépendance vis-à-vis d'entreprises qui n'hésiteraient pas à les aliéner, puis à les instrumentaliser.

3. Cette perspective de marchandisation ou de privatisation des communs, menée par les entreprises, risque de renouer avec la « tragédie des communs », chère à Hardin, car à la menace de dégradation relevée par ce dernier, Ostrom ajoute celle d'enclosures d'aliénation des communs par telle ou telle partie prenante.

Or, à l'opposé d'Hardin, Ostrom s'est efforcée d'enquêter sur les communs afin, dit-elle, « de montrer que des formes de gouvernance autres que la privatisation ou l'étatisation, sont possibles, et qu'elles sont concrètement mises en œuvre par des communautés, pour protéger et maintenir les ressources partagées qui leur sont confiées ». C'est donc à une sorte de contre-enclosures qu'Ostrom fait allusion.

Car les communs numériques (comme naturels) sont présentés comme une catégorie conceptuelle représentant une alternative entre le bien public et le bien marchand, et à un autre niveau entre l'Etat et le marché.

Mais là n'est pas la problématique centrale d'Ostrom, quoi que reconnaissant son intérêt premier. Ce qui l'intéresse davantage, c'est bel et bien le cadre institutionnel des communs.

En effet, Ostrom ne se fixe pas sur la nature des biens qui déterminerait leur caractère de communs. Elle se penche, au contraire, sur le cadre institutionnel et réglementaire qui préside à leur érection en tant que communs, c'est-à-dire qui les institue en tant que tels.

Or, les communautés en charge des communs sont des groupes informels et auto-institués autour de la production et de la préservation desdits communs. Ils doivent, de ce fait, trouver des équilibres nouveaux avec les structures, publiques ou privées, qui ont la charge des biens qu'ils instituent comme communs.

Cet aspect a des implications d'autant plus complexes qu'il appelle une reconnaissance institutionnelle d'initiatives, qui sont en dehors de l'institution ou développent des alternatives contre elles.

Force est de relever ici que le passage d'une notion normative et descriptive, à une notion plus prescriptive, voire performative et de connotation d'apparence politique, ne pourrait qu'avoir des conséquences sur l'action publique.

Car l'évolution de la notion s'est accompagnée d'un déplacement de la problématique, qui traduit la volonté de renouveler les outils de gouvernance collective, en dépassant l'alternative privé/public et en instaurant de nouvelles règles.

Le rôle des collectivités se trouve ainsi déplacé vers celui « d'institutions hôtes, pour un dialogue citoyen plus large et plus solide en matière de conception et de mise en œuvre des politiques publiques, avec pour conséquence qu'elles sont davantage garantes des biens communs que gestionnaires de ceux-ci »[378].

---

[378]Bollier. D, «La renaissance des communs… », op. cit, p. 146.

C'est certainement dans ce sens que les questions de la relation à l'Etat et au marché et la perspective de radicalité transformatrice, sont et seront centrales dans l'évolution des mouvements des communs.

C'est dans ce sens aussi que la pensée d'Ostrom et de l'école de Bloomington est une formidable respiration politique, parce qu'elle offre un discours relativement robuste pour offrir une alternative à la pensée néolibérale qui domine la réflexion depuis les années 1980 du siècle dernier.

Yahya El Yahyaoui,
Décembre 2021

Bibliographie

Adams. W. M et al., «Common choices: policy options for common pool resources», *Department for International Development*, London, 2001.

Aigrain. P, «*Cause commune : l'information entre bien commun et propriété*», Ed. Fayard, Paris, 2015.

Aigrain. P, Peugeot. V, « Les licences *creative commons* : origine, développement, limites et opportunités », *Sopinspace*, 13 juillet 2015.

Allaire. G, Labatut. J, Tesnière. G, « Complexité des communs et régimes de droits de propriété : le cas des ressources génétiques animales », *Revue d'économie politique*, Vol. 128, n° 1, 2018.

Amadeo. R, « Google's iron grip on Android : controlling open source by any means necessary », *AJS Technica*, October 28, 2013.

Antona. M, Bousquet. F, « *Une troisième voie entre l'Etat et le marché. Echanges avec Elinor Ostrom*», Ed. Quee, Versailles, 2017.

Audier. S, « Les biens communs sont parmi nous », *Le Monde*, 16 mai 2014.

Baland. J-M, Platteau. J-P, «Coordination problems in local-level resource management», *Journal of Development Economics*, n° 53, January 1997.

Ballet. J, « Propriété, biens publics mondiaux, bien(s) commun (s) : une lecture des concepts économiques », *Développement durable et Territoires*, Dossier 10, 7 mars 2008.

Ballier. D, Laval. C, « Les communs proposent un nouveau modèle social et économique », *Lutopik*, 1er août 2016.

Barbe. L, «Wikipédia et Agoravox : des nouveaux modèles éditoriaux ?», In: Chartron. G, Broudoux. E (Ss. Dir), « Document numérique et société », *Actes de la Conférence DOCsOC*, Paris, 2006.

Barbe. L, Marzeau. L, Schafer. V (Ss. Dir), « *Wikipédia : objet scientifique non identifié* », Presses Universitaires de Paris-Nanterre, 2015.

Barzel. Y, «*Economic analysis of property rights*», Cambridge University Press, 1997.

Bauwens. M, Kastakis. V, « *Manifeste pour une véritable économie collaborative. Vers une société des communs*», Ed. C. L. Mayer, Paris, 2017.

Bauwens. M, «The history and evolution of the commons», *Commons Transition*, September 19, 2017.

Beaude. B, «De quoi Wikipédia est-elle le lieu?», In: Barbe. L, Marzeau. L, Schafer. V (Ss. Dir), « *Wikipédia : objet scientifique non identifié* », Presses Universitaires de Paris-Nanterre, 2015.

Bechis. J, « La gouvernance du marché de la publication scientifique à l'ère du numérique : une analyse de la connaissance scientifique en tant que commons », *Innovations*, n° 63, mars 2020.

Beitone. A, « Biens publics, biens collectifs. Pour tenter d'en finir avec une confusion de vocabulaire », *Journal du Mauss*, 22 avril 2014.

Benker. Y, «*The wealth of networks: how social production transforms markets and freedom*», Yale University Press, 2006.

Bernoux. P et al., « Entreprise, institution et société », *Rapport de recherche*, Ministère du travail, Paris, 1996.

Bernoux. P, « L'entreprise dans ses rapports à la société. Une problématique sociologique nouvelle», In: Bernoux. P et al., « Entreprise, institution et société », *Rapport de recherche*, Ministère du travail, Paris, 1996.

Blum. G, « De la liberté du logiciel et de son ouverture : tour d'horizon et perspectives », *Revue Téléscope*, Vol. 18, n° 1-2, Printemps-Eté 2012.

Bollier. D, «*La renaissance des communs : pour une société de coopération et de partage*», Ed. C. L. Mayer, 2014.

Bommier. S, Renouard. C, « *L'entreprise comme commun. Au-delà de la RSE*», Ed. Charles Léopold Mayer, 2018.

Bonneuil. C et al., « Innover autrement? La recherche face à l'avènement d'un nouveau régime de production et de régulation des savoirs et génétique végétale», In: Gasselin. P (Ss. Dir), « *Quelles* *variétés et semences pour des agricultures paysannes durables? »*, Institut National de la Recherche Agronomique, n° 30, Paris, 2006.

Bowles. S, Gintis. H, «Social capital and community governance», *The Economic Journal*, 112 (483), F419-F436,2002.

Boyle. J, «The second enclosure movement and the construction of the public domain», *Law and Contemporary Problems*, Vol. 66, n° 33, 2003.

Boyle. J, «*The public domain: enclosing the Commons of the Mind*», New Haven, Yale University Press, 2008.

Brauwens. M, « *Sauver le monde. Vers une société post-capitaliste avec le peer-to-peer*», Ed. Les liens qui libèrent, Paris, 2015.

Brédif. H, Christin. D, « La construction du commun dans la prise en charge des problèmes environnementaux : menace ou opportunités pour la démocratie? », *Vertigo, La Revue électronique en sciences de l'environnement*, Vol. 9, n° 1, mai 2009.

Briand. M, « Biens communs et numérique. Les propositions du Conseil National du Numérique », *Institut Mines-Télécom*, Paris, 19 juin 2015.

Broca. S, « Utopie du logiciel libre. Du bricolage informatique à la réinvention sociale », *Le passager clandestin*, 2013.

Broca. S, Coriat. B, « Le logiciel libre et les communs. Deux formes de résistance et d'alternative à l'exclusivisme propriétaire », *Revue Internationale de droit économique*, mars 2015.

Broudoux. E, « Wikipédia, objet de recherches : entre observations, expérimentations et co-constructions », In : Barbe. L, Marzeau. L, Schafer. V (Ss. Dir), « *Wikipédia : objet scientifique non identifié* », Presses Universitaires de Paris-Nanterre, 2015.

Brousseau. E, « Régulation de l'Internet : l'auto-régulation nécessite-t-elle un cadre institutionnel? », *Revue Economique*, septembre 2001.

Browker. G. C, Star. S. L, « *Sortingthingsout : classification and its consequences* », MIT Press, Cambridge, 2000.

Buclet. N, Cerceau. J, « Interactions et rétroactions entre dimensions matérielle et immatérielle de systèmes communs de ressources spatialisées, une lecture par l'écologie territoriale », *Développement durable et territoires*, Vol. 10, n° 1, avril 2019.

Caraco. B, « La tragédie des services communs : pour des droits de tirage », *Bulletin des Bibliothèques de France*, n° 1, mars 2014.

Cardon. D, Level. J, « La vigilance participative. Une interprétation de la gouvernance de Wikipédia », *Réseaux*, n° 154, février 2009.

Cardon. D, « Surveiller sans punir. La gouvernance de Wikipédia», In: Barbe. L, Merzeau. L, Schafer. V (Ss. Dir), *« Wikipédia, objet scientifique non identifié »*, Presses Universitaires de Paris Ouest, 2015.

Chaingneau. A, «Propriété et souveraineté de l'Internet : la maîtrise d'une infrastructure», In: Netter. E (Ss. Dir), « Les biens numériques », *Centre de droit privé et de sciences criminelles d'Amiens (CEPRISCA)*, 2015.

Chanteau. J-P, Labrousse. A, « L'institutionnalisme méthodologique d'Elinor Ostrom : quelques enjeux et controverses », *Revue de la Régulation*, vol. 14, décembre 2013.

Chanteau. J. P et al., « Introduction à : Autour d'Ostrom, communs, droits de propriété et institutionnalisme méthodologique », *Revue de la Régulation*, n° 14, 2ème semestre, décembre 2013.

Chardeaux. M-A, « Le droit d'auteur et Internet : entre rupture et continuité », *Commerce électronique*, n° 5, 2011.

Chartron. G, Broudoux. E (Ss. Dir), « Document numérique et société », *Actes de la Conférence DOCsOC*, Paris, 2006.

CNNum, « Ambition numérique : pour une politique française et européenne de la transition numérique », *Rapport*, *Conseil National du Numérique*, Paris, juin 2015.

Combes. J-L, Combes-Motel. P, Schwartz. S, « Un survol de la théorie des biens communs », *Revue d'Economie du Développement*, Vol. 24, n° 3-4, 2016.

Compagnon. D, « La biodiversité entre appropriation privée, revendications de souveraineté et coopération internationale », *Développement Durable et Territoires*, Dossier 10 (« Biens communs et propriété »), 7 mars 2008.

Constantin. F (Ss. Dir.), «*Les biens publics mondiaux : un mythe légitimateur pour l'action collective*», Ed. L'Harmattan, Paris, 2002.

Coriat. B, « Le retour des communs. Sources et origines d'un programme de recherche », *Revue de la Régulation*, n° 14, 2ème semestre, Automne 2013.

Coriat. B, « Des communs fonciers aux communs informationnels : traits communs et différences », *Séminaire international* « Propriété et communs : les nouveaux enjeux de l'accès et de l'innovation partagés », Paris, 25-26 avril 2013.

Coriat. B, « Qu'est-ce qu'un Commun? Quelles perspectives le mouvement des Communs ouvre-t-il à l'alternative sociale? », *Les possibles*, n° 5, 6 janvier 2015.

Coriat. B (Ss. Dir), « *Le retour des communs. La crise de l'idéologie propriétaire*», Ed. Les liens qui libèrent, Paris, mai 2015.

Coriat. B (Ss. Dir), «*Vers une république des biens communs*», Ed. Les liens qui libèrent, 2018.

Coris. M, « Récupération ou hybridation. Quel marché pour le logiciel libre? », *Terminal*, n° 101, 2008.

Cornu. M, Orsi. F, Rochlefd. J (Ss. Dir), « *Dictionnaire des biens communs* », Presses Universitaires de France, Dossier de presse, août 2017.

Couture. S, Goldenberg. A, « Histoire et théorie des biens communs numériques », *Ritimo*, 3 novembre 2014.

Couture. S, « Le contrôle des communs numériques à des fins commerciales : le cas des logiciels libres », *Revue internationale d'éthique sociétale et gouvernementale, Ethique publique*, Vol. 17, n° 2, 2015.

De Araujo Pereira. M, Schneider. S, Van Der Ploeg. J. D, De Souza. M, « Soustainable development under competing claims and land », *Ambient. Soc*, Vol.19, n° 4, Sao Paulo, October-December 2016.

Demazière. D et al., « Le travail des développeurs de logiciels libres. La mobilisation dans des "communautés distantes" », *Cahiers lillois d'économie et de sociologie*, Vol. 2, n° 46, 2005.

De Moor. T, «Avoiding tragedies: a Flemish common and its commoners under the pressure of social and economic change during the eighteenth century», *The Economic History Review*, n° 62, 2009.

Deneulin. S, Townsend. N, « Public goods, global public goods and the common good », *International Journal of Social Economics*, n° 34, January-February 2007.

Depoorter. G, « Efficacité, collaboration et éthique : les projets du logiciel libre », *Regards sur le terre*, 2014.

De Rosnay. M. D, Maurel. L, « Contribuer à la défense du domaine public et des biens communs de la connaissance », *Rapport de l'Organisation Internationale de la Francophonie*, Paris, 2018.

Desmarais-Tremblay. M, « *La théorisation des dépenses publiques de Richard A. Musgrave : essai d'histoire de la pensée et d'épistémologie économiques* », Thèse, Université de Lausanne-Université Paris I-Panthéon Sorbonne, 6 décembre 2016.

Dieuaide. P, « Des plateformes et des hommes. Vers un capitalisme 2.0 », *Ecorev*, n° 47, janvier 2019.

Eber. N, «*Théorie des jeux*», Ed. Dunod, 3ème édition, Paris, 2013.

El Yahyaoui. Y, «*De la gouvernance des réseaux numériques : cas de l'Internet au Maroc*» (Thèse), Ed. Okad, Rabat, 2011.

El Yahyaoui. Y, «*Ecosystème des données numériques : Internet des objets, Big Data et intelligence artificielle*», Ed. Spinelle, Paris, décembre 2020.

El Yahyaoui. Y, « *Economie des plateformes numériques. Captation de la valeur, pouvoir de marché et communs collaboratifs*», Ed. L'Harmattan, Paris, mai 2021.

Fallery. B, Rodhain. F, « Fondements théoriques pour une régulation d'Internet : la légitimation faible et la réflexivité forte », *Systèmes d'information et de Management*, Vol. 16, n° 4, décembre 2010.

Fallery. B, « Du logiciel libre au management libre : coordination par consensus et gouvernance polycentrique », *Management et Avenir*, n° 90, décembre 2016.

Faysse. N, « Que dit la théorie économique sur la gestion des ressources en bien commun? Les différents outils et les avancées récentes», *Working Paper*, Université de Montpellier, 29 mai 2001.

Fellmann. T, « Qui se préoccupe des biens communs? », *Conférence*, Carnoux, 23 mai 2019.

Forte. A, Larco. V, Bouckman. A, «Decentralization in Wikipedia governance», *Journal of Management information Systems*, n° 26, January 2009.

France Diplomatie, « Des barbelés sur la prairie internet : contre les nouvelles enclosures, les communs numériques comme leviers de souveraineté », *Ministère de l'Europe et des Affaires étrangères*, Paris, 31 juillet 2020.

Fredriksson. S, « Des Tiers-Lieux Libres et Open Source vers des politiques des communs », Diplôme Universitaire « Espaces communs », Université Paris-Est-Marne-la-Vallée, 5 novembre 2019.

Gabas. J. J, « Les biens publics mondiaux et la coopération internationale », *L'Economie politique,* n° 12, avril 2014.

Gardner. B. L, Rausser. G. C (Ss. Dir), «*Handbook of agricultural economies*», Chap. 24, Elseiver, Amsterdam, 2002.

Gasselin. P (Ss. Dir), « *Quelles variétés et semences pour des agricultures paysannes durables? »,* Institut National de la Recherche Agronomique, n° 30, Paris, 2006.

Giangiacom. B, Marelli. B, « Ressources communes », *Revue de géographie alpine*, n° 96, mars 2008.

Gorz. A, « Le communisme de la connaissance », *Revue critique d'Ecologie politique*, n° 21, août 2011.

Goueythieu. J. P, « Une alternative au marché pour produire du commun », *Page personnelle*, 11 juin 2019.

Hardin. G, «The tragedy of commons», *Science*, Vol. 162, n° 3859, December 13, 1968.

Harribey. J-Y, « Le bien commun est une construction sociale. Apports et limites d'Elinor Ostrom », *L'Economie politique, Alternatives économiques*, n° 49, janvier 2011.

Heller. M-A, « The tragedy of the anticommons: property in the transition from Marx to Keynes », *Harvard Law Review*, Vol. 111, n° 3, January 1998.

Helly. E, « Qu'est ce qu'un commun? », *Makina Corpus*, 19 juin 2017.

Hess. C, « Inscrire les communs de la connaissance dans les priorités de recherche », *Vecam*, 2 mai 2011.

Hess. C, «Communs de la connaissance, communs globaux et connaissance des communs», In: Coriat. B (Ss. Dir), «*Vers une république des biens communs*», Ed. Les liens qui libèrent, 2018.

Hirshleifer. J, «From weakest-link to best-shot: the voluntary provision of public goods», *Public Choice*, Springer, Vol. 43, January 1983.

Howard. J. V, «Cooperation in the Prisoner's Dilemma», Theory and Decision, n° 24, March 1988.

Joubert. L, « *Wikipédia : la fabrique d'une encyclopédie à l'ère du logiciel libre. Sociologie d'un commun numérique de masse* », Thèse pour le doctorat sociologie, Aix-Marseille Université, 2020.

Julien. N, Zimmermann. J-B, «Peut-on envisager une écologie du logiciel libre favorable aux nuls?», *Terminal*, n° 97-98, 2006.

Julien. N et al., « Sur les conditions d'existence d'un commun numérique de connaissance », In : Roudaut. K, Julien. N, « Commun numérique de connaissance : définition et conditions d'existence », *Revue d'économie et de management de l'innovation,* De Boeck Supérieur, n° 63, mars 2020.

Jullien. N, Roudaut. K, « Sur les conditions d'existence d'un commun numérique », *Researchgate*, janvier 2020.

Kaul. I, Grunberg. I, Stern. M. A, «*Global public goods : international cooperation in the 21th century*», Oxford University Press, 1999.

Kaul. I et al., « *Fournir des biens publics mondiaux. Gérer la mondialisation*», PNUD-Oxford University Press, New York, 2003.

Keats. D, «Implications of the Non Commercial (NC) restriction for educational content licensed under a Creative Commons (CC) licence», *Researchgate*, January 2006.

Kindleberger. Ch. P, « *The international economic order. Essays on financial crisis and international public goods*», University of California Press, 1986.

Koniczny. P, « Governance, organization and democracy on the Internet: the Iron law and the evolution of Wikipedia », *Sociological Forum*, n° 24, January 2009.

Laffont. J-J, Green. J, « *Révélation des préférences pour les biens publics* », Séminaire d'économétrie du CNRS, Paris, 16 janvier 1976.

Lausson. J, « La directrice de Wikimédia démissionne », *Numerama*, 26 février 2016.

Leblanc. B, « *Le protocole de Kyoto et le marché du carbone : vers une fongibilité asymétrique à l'échelle internationale* », Mémoire de Maîtrise, Université du Québec à Montréal, Montréal, février 2006.

Le Crosnier. H, « Les communs de la connaissance : un autre regard sur l'information », *Documentaliste, Sciences de l'information*, Vol. 48, n° 3, 2011.

Le Crosnier. H, « Elinor Ostrom. L'inventivité sociale et la logique du partage au cœur des communs », *Hermès*, n° 64, 2012.

Le Crosnier. H, « Une introduction aux communs de la connaissance », *Tic&Société*, Vol. 12, n° 1, 1er semestre 2018.

Lessig. L, « *The future of ideas: the fate of the commons in a connected world* », Random House, New York, 2001.

Lessig. L, « *L'avenir des idées : le sort des biens communs à l'heure des réseaux numériques* », Presses Universitaires de Lyon, 2005.

Létourneau. A, « La théorie des ressources communes : cadre interprétatif pour les institutions publiques », *Revue Internationale d'éthique sociétale et gouvernementale*, Vol. 17, n° 2, 2015.

Leyronas. S, Bambridge. T, « Communs et développement : une approche renouvelée face aux défis mondiaux », *Revue internationale des études du développement*, n° 233, janvier 2018.

Mangolte .P. A, « Le logiciel libre comme commun créateur de richesses », Coriat. B (Ss. Dir), « *Le retour des communs. La crise de l'idéologie propriétaire*», Ed. Les liens qui libèrent, Paris, mai 2015.

Maucourant. J, «New Institutional Economies and History», *Journal of Economic Issues*, Vol. XLVI, March 2012.

Maurel. L, « Communs de la connaissance et enclosures. Réponse à Allan Greer », *La vie des idées*, 29 septembre 2015.

Maurel. L, « Comprendre les risques d'enclosures des communs de la connaissance », *La vie des idées*, 7 septembre 2016.

Maurel. L, « Les communs numériques sont-ils condamnés à devenir des communs du capital ? », *Sixièmes Rencontres du GESS* : « ESS, communs, organisations alternatives : la gestion solidaire peut-elle fédérer autour d'une plus grande soutenabilité? », *GESS*, décembre 2018.

Musgrave. R. A, «*The theory of public finance*», Mc Graw-Hill, New York and London, 1959.

Neeson. J. M, « *Commoners: common right, enclosure and social change in England 1700-1820* », Cambridge University Press, New York-Cambridge, 1993.

Neeson. J. M, « La clôture des terres et la société rurale britannique : Une revue critique », *Histoire économique et sociale*, 18ème Année, n° 1, 1999.

Netter. E (Ss. Dir), « Les biens numériques », *Centre de droit privé et de sciences criminelles d'Amiens (CEPRISCA)*, 2015.

Ollagnon. H, « Stratégie pour une gestion patrimoniale de la biodiversité », *Bulletin de l'Institut Royal des Sciences Naturelles de Belgique*, *Biologie*, n° 73, 2003.

Olson. M, « *Logique de l'action collective* », Presses Universitaires de France, Paris, 1978.

Orsi. F, « La propriété comme faisceaux de droits : quels enjeux pour les communs? », In Université Paris 13 et al., « Propriété et communs : les nouveaux enjeux de l'accès et de l'innovation partagée », *Séminaire international*, Paris, 25-26 avril 2013.

Orsi. F, « Elinor Ostrom et les faisceaux de droits : l'ouverture d'un nouvel espace pour penser la propriété commune », *Revue de la Régulation*, n° 14, 2ème trimestre, Automne 2013.

Ostrom. E, «An agenda for the study of institutions», *Public Choice*, Vol. 48, n° 1, 1986.

Ostrom. E, « *Governing the commons: the evolution of institutions for collective action* », Cambridge University Press, New York-Cambridge, 1990.

Ostrom. E, «Self-governance and forest resources», *Center for International Forestry Research*, Occasional Paper, n° 20, Bogor (Indonésie), 1991.

Ostrom. E, Walker. J. M, «Communication in a commons: cooperation without external enforcement», *Laboratory Research in political Economy*, University of Michigan Press, 1991.

Ostrom. E, «Private and common property rights», *Encyclopedia of Law and Economics*, Vol. 2, Edward Elgar Publishing, 2000.

Ostrom. E, « Common-pool resource and institutions. Towards a revised theory», In Gardner. B. L, Rausser. G. C (Ss. Dir), « *Handbook of agricultural economies* », Chap. 24, Elseiver, Amsterdam, 2002.

Ostrom. E, Hess. C, «Ideas artifacts and facilities: information as a common-pool resource», *Law and Contemporary Problems*, n° 66, Winter/Spring, 1-2, 2003.

Ostrom. E, «How types of goods and property rights jointly affect collective action», *Journal of theoretical politics*, 15 (3), 2003.

Ostrom. E, «*Understanding institutional diversity*», Princeton University Press, 2005.

Ostrom. E, Hess. C, « Cadre d'analyse du bien commun microbiologique », *Revue internationale des sciences sociales*, n° 188, février 2006.

Ostrom. E, Hess. C, «*Understanding knowledge as a common: from theory to practice*», The MIT Press, 2007.

Ostrom. E, « *Gouvernance des biens communs. Pour une nouvelle approche des ressources naturelles*», Ed. De Boeck, Bruxelles, 2010.

Ostrom. E, Basurto. X, «Crafting analytical tools to study institutional change», *Journal of Institutional Economics*, n° 7, 2011.

Ostrom. E, « Par-delà les marchés et les Etats : la gouvernance polycentrique des systèmes économiques complexes. Conférence Nobel », *Revue de l'OFCE*, n° 120, 2012.

Ostrom. E, Basurto. X, « Façonner des outils pour étudier le changement institutionnel », *Revue de la Régulation*, n° 14, 2ème semestre, Automne 2013.

Pacansky-Brock. M, «Making Sense of the Spectrum of Rights», *Slideshare*, January 2013.

Parance. B, Saint-Victor. J, « *Repenser les biens communs* », CNRS éditions, Paris, 2014.

Perez. R, Paranque. B, « Elinor Ostrom: les communs et l'action collective », *Revue de l'Organisation Responsable*, Vol. 7, n° 2, janvier 2012.

Pesqueux. Y, « *Gouvernance et privatisation* », Presses Universitaires de France, Paris, 2007.

Peugeot. V, « Internet est-il un (bien) commun? », *Enjeux numériques*, n° 4, décembre 2018.

Poor. R, «Notes on Property in Commons», July 22, 2014.

Rasmusson. L. N, Meinzen-Dick. R, «Local organizations for natural resource management: lessons for theoretical and empirical literature», Discussion Paper, n° 11, *International Food Policy Research Institute*, Washington DC, 1995.

Rawls. J, «*A theory of justice*», Harvard University Press, 2nd Edition, 1999.

Reagle. J, «Free as in sexist: free culture and the gender gap», *First Monday*, n° 18, January 2012.

Rifkin. J, « *The age of access : the new culture of hypercapitalism. Where all of life is a paid-for experience*», Tarcher Periga, 2001.

Rivelois. J, «Les biens communs en questions», *Institute of Research for Development*, Working Paper, January 2017.

Robert. P, Lefebvre-Chambart. A, « Les communs, un renouvellement démocratique des gouvernances. Etudes de cas dans les Hauts de France », Addes, Colloque « *Gouvernance et économie sociale et solidaire* », 9 octobre 2018.

Rodhain. F, « Gouvernance d'Internet, gouvernance de Wikipédia : l'apport d'E. Ostrom sur l'action collective auto-organisée », *Management & Avenir*, n° 65, juillet 2013.

Roiron. T, « Le logiciel libre et les autres », *Exposé*, mai 2003.

Romandi. I, « Utiliser et enrichir le patrimoine commun. Les licences de libre diffusion », *Technologie*, n° 197, avril-mai 2015.

Roudaut. K, Julien. N, « Commun numérique de connaissance : définition et conditions d'existence », *Revue d'économie et de management de l'innovation,* De Boeck Supérieur, n° 63, mars 2020.

Samuelson. P, «The pure theory of public expenditure», *The Review of Economics and Statistics*, Vol. 36, n° 4, November 1954.

Scheltz. T, « *Platform cooperativism: challenging the corporate sharing economy »,* Rosa Luxemburg Stiftung, New York, 2016.

Schlager. E, Ostrom. E, «*Property-rights regimes and natural resources: a conceptual analysis*», University of Wisconsin Press, Land Economics, n° 68, March 1992.

Schroeder. A, Wagner. C, «Governance of open content creation: a conceptualization and analysis of control and guiding mechanisms in the open content domain», *Journal of the American Society for information Science and Technology*, n° 63, October 2012.

SI&Management, « Gouvernance polycentrique : biens communs, action sur les règles, arènes de choix institutionnels », Sans référence supplémentaire.

Srnicek. N, «*Platform capitalism*», Polity, 2017.

Star. S. L, « This is not a boundary object: reflections on the origin of a concept », *Science, Technology & Human Values*, n° 35, May 2010.

Stiglitz. J, «Global Public Goods and Global Finance: Does Global Governance ensure that the Global Public Interest is Served?», In: Touffut. J-P (Ed.), «*Advancing Public Goods*», Edward Elgar Publishing, 2006.

Strowel. A, «Les outils d'appropriation au service des communs numériques», *Munich Intellectual Property Law Center*, Working Paper, March 2019.

Syntec Numérique, « Datacenters et développement durable : état de l'art et perspectives », *Livre Vert*, juin 2011.

Taffin. N, « *Pages publiques : à la recherche des trésors du domaine public* », C&F éditions, Caen, 2014.

Thévenot. L, « *L'action au pluriel. Sociologie des régimes d'engagement*», Ed. La Découverte, Paris, 2006.

Thomé. P, « Le bien commun ou biens communs? », *Mediapart*, novembre 2014.

Thoyer. S, « La montée en puissance de la notion de bien public mondial », *L'Encyclopédie du Développement Durable,* n° 135, janvier 2011.

Tisserant. C, « *Domaine public et biens communs de la connaissance* », Mémoire d'Etudes, Université de Lyon, janvier 2014.

Touffut. J-P (Ed.), «*Advancing Public Goods*», Edward Elgar Publishing, 2006.

Université Paris 13 et al., « Propriété et communs : les nouveaux enjeux de l'accès et de l'innovation partagée », *Séminaire international*, Paris, 25-26 avril 2013.

Vantyghem. D, «Les logiciels libres et la philosophie du libre», *Free Software Foundation*, 18 mars 2006.

Vievard. L, « Biens publics mondiaux, biens communs : deux notions émergentes concurrentes? », *Millénaire 3*, Grand Lyon, octobre 2009.

Vlard. T, Lenk. J, « *Elinor Ostrom and the Bloomington School. Building a new approach to policy and the social sciences* », Agenda Publishing, n° 21, June 2021.

Weinstein. O, « Comment comprendre les communs : Elinor Ostrom, la propriété et la nouvelle alternative institutionnelle », *Revue de la Régulation*, n° 14, 2ème trimestre, Automne 2013.

Woloszyn. P, « La propriété privée comme antonyme de l'économie spatiale collaborative », *Researchgate*, novembre 2016.

Zedillo. E, Thian. T, «Meeting global challenger: international cooperation in the national interest», *Report of the International Task Force on GPG*, Sweden, 2006.

Zuboff. S, « *L'Âge du capitalisme de surveillance* », Zulma, 2020.

Liste des figures

Table des matières

Du même auteur

* «**Economie des plateformes numériques : captation de la valeur, pouvoir de marché et communs collaboratifs**», Préface du Professeure Emmanuelle Mazuyer, Ed. L'Harmattan, Paris, mai 2021 (302 p) (En Français).

* «**Ecosystème des données numériques : Internet des objets, Big Data et intelligence artificielle**», Préface du Professeur Pierre-Jean Benghozi, Ed. Spinelle, Paris, décembre 2020 (234 p). Grand Prix du Maroc du Livre en 2021 (En Français).

* « **De la gouvernance des réseaux numériques : cas de l'internet au Maroc** », Thèse de Doctorat en Management Stratégique des Organisations, Faculté des Sciences Juridiques, Economiques et Sociales, Université Mohamed V, Rabat, décembre 2010 (543 p) (En Français). Prix de la Meilleure thèse en Economie, Année 2011.

* «**Gouvernance des réseaux numériques : cas de l'internet au Maroc**», Préface du Professeur Mohamed Harakat, Ed. Okad, novembre 2011(452 p) (En Français).

* « **Les conséquences de la déréglementation et de la privatisation de British Telecom sur l'organisation de l'entreprise et la satisfaction du consommateur** » (Thèse non publiée). Ecole Nationale Supérieure des Postes, des Télécommunications et de l'Espace, Paris, 1989 (En Français).

* «**Les télécommunications à l'épreuve des mutations : Etat, Monopole, Déréglementation et Concurrence**», Préface du Professeur Mahdi Elmandjra, Ed. Okad, Rabat, 1995. Grand Prix du Maroc du Livre en 1996 (En Français).

* «**Mouvance libérale et logique de privatisation : les télécommunications, un service public?»**, Ed. Okad, Rabat, 1996 (En Français).

* «**Le monde arabe et les défis des technologies de l'information et de la communication**», Ed. Boukili, Kénitra, 1997 (En Arabe).

* «**La mondialisation : communication-monde, ultra-libéralisme planétaire et pensée unique**», Préface du Professeur Riccardo Petrella, Ed. Boukili, Kénitra, 1998 (En Français).

* «**La mondialisation et les défis de l'information**», Préface du Professeur Mustapha Messnaoui, Série Chiraa, Ed. Maghrébines, Casablanca-Tanger, 1998 (En Arabe).

* «**La mondialisation promise**», Ed. Okad, Rabat, 1999 (En Arabe).

* « **Les chaînes de télévision diffusées par satellites dans le monde islamique : Essai d'évaluation des contenus culturels** », Etude pour l'Organisation Islamique d'éducation, de la culture et des sciences, ISESCO, Rabat, juillet 1998 (En Arabe, Non publiée).

* «**Malaise de la Télévision au Maroc**», Préface du Professeur Mohamed Sassi, Ed. Okad, Rabat, février 2000 (En Arabe).

* «**La mondialisation : quelle mondialisation?**», Préface du Professeur Mohamed Sabila, Ed. Afrique-Orient, Casablanca-Beyrouth, avril 2000 (En Arabe).

* «**Mondialisation et société de l'information**», Préface du Professeur Mahdi Elmandjra, Ed. Azzaman, Rabat, février 2001(En Arabe).

* «**Internet et société de l'information : essai sur les réseaux du savoir**», Préface du Professeur René Trégouet, Ed. Boukili, Kénitra, juin 2001 (En Français).

* «**Mondialisation, technologie et culture : Introduction aux technologies du savoir**», Ed. Dar Talaa, Beyrouth, novembre 2001 (En Arabe).

* «**Mondialisation et stratégies de communication**», Préface du Professeur Hamid Dlimi, Ed. Walili, Marrakech, mai 2002 (En Français).

* «**Terrorisme et internationale contestataire de la mondialisation**», Ed. Okad, Rabat, juillet 2002 (En Arabe).

* «**Réseaux de la contrainte : l'exemple de la télévision et des télécommunications au Maroc**», Ed. Okad, Rabat, décembre 2002 (En Arabe).

* «**Armes de l'impérialisme global : fondamentalisme de la force et mondialisation de la terreur**», Postface du Professeur Mountassir Hamada, Ed. Okad, Rabat, juillet 2003 (En Arabe).

* « **Feuillets sur la technologie, l'information et la démocratie** », Préface du Professeur Ali Kacimi, Dar Talaa, Beyrouth, janvier 2004 (En Arabe).

* «**Globalisation de la communication, mondialisation de la culture**», Préface du Professeure Nezha Belkhayat, Ed. Okad, Rabat, décembre 2004 (En Arabe).

* «**Du mépris de la démocratie : recueil sur les formes nouvelles de la tyrannie**», Ed. Okad, Rabat, mars 2005 (En Arabe).

* «**Problématiques des médias arabes**», Ed. Compte d'Auteur, Rabat, février 2006 (En Arabe).

* «**Médias sous censure : lecture dans le paysage médiatique arabe contemporain**», Ed. Okad, Rabat, octobre 2006 (En Arabe).

* «**Les arabes et les réseaux du savoir**», Ed. Dar Talaa, Beyrouth, avril 2007 (En Arabe).

* « **Les arabes, la technologie et la division cognitive mondiale** », Publications du Centre Mondial d'Etudes et de Recherches sur le Livre Vert, Tripoli, juillet 2007 (En Arabe).

* «**L'Irak présent et à venir : vues sur l'Irak colonisé**», Préface du Professeur Aouni Alkalamji, Ed. Okad, Rabat, janvier 2008 (En Arabe).

* «**Le capitalisme à l'ère de la technologie ou du système technologique de la mondialisation**», Ed. Dar Alawael, Damas, juin 2008 (En Arabe).

* «**De la prédisposition à la communication : la communication à l'épreuve de l'internet et de la mondialisation de l'information**», Ed. Okad, Rabat, mai 2010 (En Arabe).

* « **Une chaîne culturelle et de savoir, arabe et islamique : une étude sur les possibles** », Rabat, mars 2012 (Non publiée, En Arabe).

* «**Médias, politique et éthique**», Préface du Professeur Tariq Ramadan, Ed. Okad, novembre 2015(En Arabe).

* «**Le Maroc dans la mouvance du printemps arabe : lectures dans le contexte courant**», Préface du Professeur Said Bensaid Alaoui, Ed. Topress, Rabat, décembre 2015 (En Arabe).

* «**Le discours religieux dans les chaînes satellitaires arabes : Essai en termes de médiation télévisuelle**», Ed. Mouminoune, Rabat/Beyrouth, 2016 (En Arabe).

Structures éditoriales du groupe L'Harmattan

L'Harmattan Italie
Via degli Artisti, 15
10124 Torino
harmattan.italia@gmail.com

L'Harmattan Hongrie
Kossuth l. u. 14-16.
1053 Budapest
harmattan@harmattan.hu

L'Harmattan Sénégal
10 VDN en face Mermoz
BP 45034 Dakar-Fann
senharmattan@gmail.com

L'Harmattan Cameroun
TSINGA/FECAFOOT
BP 11486 Yaoundé
inkoukam@gmail.com

L'Harmattan Burkina Faso
Achille Somé – tengnule@hotmail.fr

L'Harmattan Guinée
Almamya, rue KA 028 OKB Agency
BP 3470 Conakry
harmattanguinee@yahoo.fr

L'Harmattan RDC
185, avenue Nyangwe
Commune de Lingwala – Kinshasa
matangilamusadila@yahoo.fr

L'Harmattan Congo
67, boulevard Denis-Sassou-N'Guesso
BP 2874 Brazzaville
harmattan.congo@yahoo.fr

L'Harmattan Mali
ACI 2000 - Immeuble Mgr Jean Marie Cisse
Bureau 10
BP 145 Bamako-Mali
mali@harmattan.fr

L'Harmattan Togo
Djidjole – Lomé
Maison Amela
face EPP BATOME
ddamela@aol.com

L'Harmattan Côte d'Ivoire
Résidence Karl – Cité des Arts
Abidjan-Cocody
03 BP 1588 Abidjan
espace_harmattan.ci@hotmail.fr

Nos librairies en France

Librairie internationale
16, rue des Écoles
75005 Paris
librairie.internationale@harmattan.fr
01 40 46 79 11
www.librairieharmattan.com

Librairie des savoirs
21, rue des Écoles
75005 Paris
librairie.sh@harmattan.fr
01 46 34 13 71
www.librairieharmattansh.com

Librairie Le Lucernaire
53, rue Notre-Dame-des-Champs
75006 Paris
librairie@lucernaire.fr
01 42 22 67 13

www.ingramcontent.com/pod-product-compliance
Lightning Source LLC
LaVergne TN
LVHW010021081026
849535LV00016B/2535
* 9 7 8 2 3 4 3 2 5 2 7 2 8 *